ESG MANAGEMENT GUIDES for the TEXTILE·FASHION INDUSTRY

섬유·패션산업을 위한
ESG 경영방법론

김수경 Soo Kyung Kim · 여은아 Eunah Yoh 지음

서평

글로벌산업에서 ESG 경영에 대한 성과요구가 증가하고 있는 시점에서 국내기업의 인식전환 노력과 ESG 경영준비를 위한 전략적 접근방법이 부재했던 것이 현실이다. MAINBiz협회는 마케팅과 조직혁신 등 비기술분야의 경영혁신형 중소기업육성을 위해 지속적으로 노력하고 있기에 ESG 경영에 대한 지원은 매우 중요한 요소가 되고 있다. 본 책은 기업 경영혁신의 변화물결에 대응하기 위한 중요한 지침서가 되기에 섬유·패션산업뿐 아니라 타 산업에까지 활용될 수 있어 실무적 측면에서 매우 유용하게 활용될 것이라 생각한다.

이대형_(사)한국경영혁신중소기업대경연합회장

자본시장에서 기업의 성과를 기술과 재무위주로 바라보던 시선이 환경과 사회, 인간과 기업지배구조로 평가하기 시작했다. ESG 경영은 그 화두의 중심에 있으며 기업의 가치사슬개선에 매우 중요한 요소이기에 본 책은 ESG 가이드라인으로 활용하기에 매우 유용하다. 특히 중소기업을 위한 ESG 경영에 대한 인식전환과 접근방법에 대한 지침이 부족한 현 시점에서, 본 책은 그간 목말라왔던 ESG 경영 지식에 대한 갈증을 해소해 주고 있어 섬유·패션산업뿐 아니라 이업종 간 산업혁신에도 큰 도움이 될 것이다.

강환수_(사)중소기업융합대구경북연합회장/(사)중소기업융합중앙회이사

머리말

최근 글로벌산업에서는
지속가능경영을 화두로
환경과 사회, 지배구조에 대한
비재무적 혁신성에 주목하고 있다.

특히 섬유·패션산업은 생산과 유통, 소비활동 등에서 사회환경에 미치는 영향이 크고 산업변화의 흐름에 매우 민감한 산업으로 분류되면서 비즈니스에 있어서 ESG 경영성과에 대한 요구가 증가하고 있다. 아직 ESG 경영은 대기업과 상장사에게만 요구되고 있다는 중소기업의 인식이 만연하여, 중소기업이 85% 이상을 차지하는 섬유·패션산업에서는 이에 대한 대비가 부족했던 것이 사실이다. 그러나 급변하는 국내외 시장의 흐름과 요구 속에 ESG 경영은 대기업들에게만 요구되는 지향점이 아니라 규모나 산업을 막론하고 시급히 파악, 추진, 개선해야 하는 우리 모두의 선결과제가 되었다.

본서는 최근 급속도로 거세지고 있는 기업의 지속가능성 추구관련 데이터 및 성과관리 요구에 대응하기 위하여 섬유·패션산업에서의 특화된 경영전략을 중심으로 다룬다. 특히 섬유·패션기업의 ESG 경영에 대한 준비와 실행에 대한 방법을 제시하고 있다. 1장에서는 ESG 경영의 개념과 발전과정에 대해 소개하고 날로 강화되고 있는 ESG 경영의 요구배경에 대해 다룬다. 2장에서는 섬유·패션산업의 ESG 경영요소와 기업의 비즈니스 윤리에 대해 논한다. 3장에서는 ESG 경영에 따른 업계동향과 국내외 사례를 소개함으로써 ESG 경영실행의 흐름을 파악한다. 4장에서는 섬유·패션산업을 위한 ESG 경영 지표와 인증을 소개한다. 5장에서는 ESG 경영을 성공적으로 실행하기 위한 구체적인 방법을 제시한다. 각 장의 내용을 대표할 수 있는 설명은 각 장이 시작되기 전 요약서를 통해 제시하였으며, 주목할 만한 이슈와 사례 등은 별도의 구성으로 본서 곳곳에 기술하였다.

본서에서는 ESG 경영실행에 대한 지침을 제시하면서 최근 섬유·패션산업에서의 이슈와 트렌드를 반영하고자 하였다. ESG 경영 요구도가 높은 섬유·패션산업의 성공적 실행을 위해 본서가 도움이 되었으면 한다. 오랫동안 섬유·패션기업의 지속가능경영에 대해 연구하고 강의해 온 저자들이 교재의 필요성을 절감하고 준비하였으나 쉽지 않은 작업이었다. 출판 후 많은 질책을 반영하여 수정·보완 작업을 계속할 것을 약속하며 이즈음에서 마무리하기로 한다.

2023년 2월

김수경, 여은아

차례

Chapter 2
섬유 · 패션기업의 ESG 경영 요소

Chapter 3
섬유·패션기업의 ESG 경영 사례

Chapter 4
섬유·패션산업의 ESG 지표와 인증

Chapter 5
섬유 · 패션기업의 ESG 경영 방법

Chapter 1
ESG Management
Paradigm

ESG 경영의 패러다임

1. ESG 경영의 개념과 발전
2. 왜 ESG 경영인가

Chapter 1

ESG Management Paradigm

2020년대 들어 날로 심각해져 가는 지구온난화, 이익중심 자본주의 병폐, 코로나 팬데믹으로 인한 가치 변화는 사회의 모든 이해관계자들에게 사회적 가치 실현의 시급성을 일깨워 주었다. 최근 전 산업을 막론하고 업계의 가장 중요한 이슈로 떠오른 ESG(환경보호, 사회책임추구, 지배구조개선) 경영은 기업의 지속가능성과 비재무적 성과를 측정하는 중요한 기준이 되고 있다. ESG 경영 요구에 대한 기업들의 적극적 반응의 배후에는 세계 최대 자산운용사 블랙록(BlackRock)의 래리 핑크(Larry Fink) 회장이 2020년 1월 투자관계에 있는 기업의 CEO들에게 보낸 서한이 있다.[1] 이 서한에서 핑크 회장은 현존하는 기후변화의 위협과 대응을 강조하였는데, 이는 기온과 해수면 상승 등 물리적 위험을 경고하고 저탄소배출 경제로의 전환이 시급하다는 점을 상기시켰다. 블랙록은 향후 ESG 상장지수펀드 라인업을 강화하겠다고 선포하였는데, 이러한 최대 자산운용사의 방향성은 전 세계 다양한 산업 분야의 기업들이 자사의 ESG 등급을 측정하고 관리하는 것이 향후 투자유치에 필수 요소가 된다는 점을 일깨워 주었다.

이 장에서는 ESG 경영의 개념과 발전과정에 대해 알아보고, 2020년대에 급격하게 강화된 ESG 경영 요구의 배경을 알아본다. 먼저 〈1. ESG 경영의 개념과 발전〉에서는 ESG 경영이라는 개념을 익히고 그것이 어떤 사회적 함의와 국제사회의 노력을 바탕으로 발전해 왔는가를 논의한다. 다음으로 〈2. 왜 ESG 경영인가〉에서는 전 산업적으로 ESG 경영의 중요성이 크게 대두된 이유에 대한 다양한 관점이 제시되는데, 사회 전반의 변화동향을 중심으로 사회구조적 관점과 법규제 강화를 중심으로 정책환경적 관점에 대해 논한다.

1. ESG 경영의 개념과 발전

1) ESG 경영의 개념

환경Environment, 사회Society책임, 지배구조Governance개선의 머릿글자를 딴 ESG 경영은 2006년 제정된 'UN 책임투자원칙United Nations Principles of Responsible Investment: UN PRI'에 처음 등장한 이후 지속적으로 그 관심이 확대되어 오다 2020년대에 들어 전 산업에 걸쳐 최고의 핵심 키워드로 떠올랐다. ESG 경영이라는 용어가 생겨나기 전에도 기업들은 이러한 활동들에 참여하며 좋은 기업 이미지를 심고 이를 가꾸기 위해 노력해 왔다. 그 예로 자원의 유한성을 절감하고 지속가능한 방식으로 경영하자는 지속가능성sustainability 경영이라는 개념이 있다. 이는 자연-인간-기업의 상생을 중요한 핵심가치로 추구하자는 철학으로, 폭넓은 우산umbrella과 같은 개념이다. ESG는 환경 경영, 사회적 책임, 건전하고 투명한 지배구조에 초점을 두었지만, 근본적으로는 기업의 지속가능성을 달성하기 위한 공통적인 목표를 가지고 있다.[2] 지속가능성은 '현재 세대의 필요를 충족시키기 위하여 미래 세대가 사용할 경제·사회·환경 등의 자원을 낭비하거나 여건을 저하시키지 아니하고 서로 조화와 균형을 이루는 것'으로 정의된다.[3]

오래전부터 환경파괴를 지양하고 원료수급, 생산, 소비, 폐기, 재활용 과정에서 친환경성eco-friendliness을 도입하려는 움직임은 서서히 커져 왔다. 몇몇 기업들은 소비자들에게 진정성 있게 다가가기 위해 이윤추구 목적만 내세워서는 한계가 있다는 점을 깨닫고 사회문제에 관심을 보이며 이를 해결하고 개선하기 위해 기부, 봉사, 후원, 직원복지 향상 등을 실천하기 시작했는데, 이러한 움직임은 사회책임적 활동으로 정의되어 왔다. 기업의 사회적 책임은 네 단계로 구분할 수 있는데, 1단계는 이윤추구를 실현하는 경제적economic 책임, 2단계는 법규제를 잘 따르는 법적legal 책임, 3단계는 옳고 공정한 것을 추구하는 윤리적ethical 책임, 4단계는 삶의 질 향상을 위해 자원을 공동체에 제공하는 자선적philanthropic 책임을 말한다. 사회적 책임은 이 모든 단계가 충족될 때 비로소 어느 정도 달성되었다고 할 수 있다.[4] 기업의 지배구조개선 문제는 이전에는 기업 내부의 결정사항 차원으로 여겨져 왔으나 기업의 일탈과 비윤리적 행태로 인해 환경파괴, 인명손실, 기업가치 하락 등

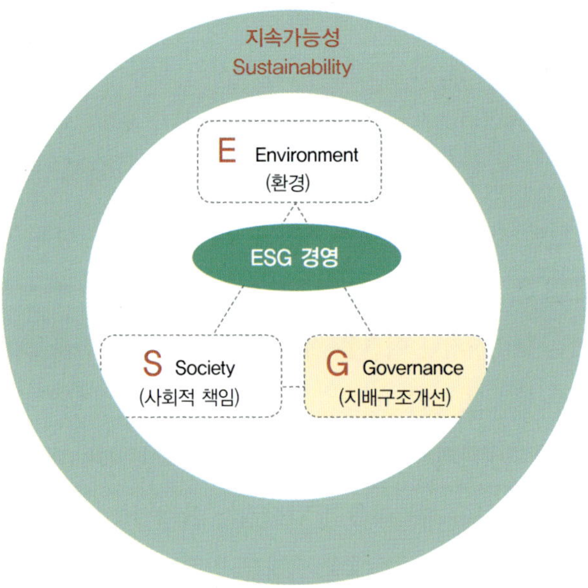

그림 1.1 ESG 개념도

외부에까지 그 파장이 커지면서 더 이상 이를 기업 내부의 문제로 보지 않고 사회 차원의 문제로 여기게 되었다. 이러한 문제를 예방하고자 기업의 소유와 경영을 분리하고 상호감시할 수 있는 구조를 취함으로써 기업 지배구조의 건전성을 이루는 것이 중요해졌다. 이처럼 기업들은 오랫동안 E, S, G 각 영역별로 분산된 노력을 보여 왔는데, 이제는 E, S, G 가치를 모두 실현하며 이를 통합적으로 추구하라는 국제사회의 지침과 사회적 요구를 받는 상황이 도래한 것이다.

2) ESG 경영 개념의 발전

지속가능성이라는 토대

환경Environment, 사회Society책임, 지배구조Governance개선의 머릿글자를 딴 ESG 경영은 그 개념이 태동하고 발전해 오기까지 많은 과정을 거쳤으며, 지금도 세부적인 개념과 내포하는 의미는 지속적으로 확대·발전해 나가고 있다. ESG 경영이라는 용어가 처음 소개된 것은 2006년 제정된 'UN 책임투자원칙'에서였으나 그보다 더 큰 개념인 지속가능성sustainability에 대한 국제사회의 관심은 일찌기 시작되었다.

유엔환경프로그램United Nations Environment Programme: UNEP[5]은 인간과 지구 사이의 지속가능한 관계를 촉진하는 촉매제 역할을 해 왔다. UNEP은 1972년 스톡홀름 회의 이후 지위, 힘, 상황과 관계없이 지구의 모든 구성원들이 환경위기의 영향을 받을 것이라는 사실을 선포하며 기후위기Climate Crisis, 생물다양성과 자연위기Biodiversity and Nature Crisis, 오염과 폐기물위기Pollution and Waste Crisis의 위험성을 알리기 위해 노력했다. 그 후 1987년 우리공동의 미래Our Common Future-브룬트란트 보고서[6]를 발표하며 '지속가능발전Sustainable Development'이라는 개념을 분명히 했다. 이 보고서에서 '지속가능성'은 미래 세대의 필요를 충족시킬 능력을 손상시키지 않으면서 현재와 미래 세대의 요구를 충족시키는 것이라 정의되었다.

1989년 1월 발표된 몬트리올 의정서Montreal Protocol에서 오존층 파괴물질에 대한 규제를 위한 국제협약을 체결하였고, 1992년 브라질 리우에서 열린 UNEP 회의에서는 세계 각국의 정상들이 모여 '환경과 개발에 관한 리우선언Rio Declaration on Environment and Development', 즉 3대 환경협약을 발표하였다. 이 3가지는 온실가스감축을 중심으로 하는 기후변화협약, 생태계보존을 위한 생물다양성 협약, 물부족해결과 사막화방지를 위한 사막화방지협약이다. 그 이후 이것은 1997년의 '교토의정서Kyoto Protocol', 2015년의 '파리기후협약Paris Climate Change Accord'으로 이어지며 지속적으로 논의되었다.

GRI 발족

종종 큰 사건은 제도 도입의 계기가 되는데, 1989년 미국 알래스카에서 미국 대형 원유수송선 엑손 발데즈Exxon Valdez호의 원유 유출사고가 일어나 사회에 큰 파장을 일으켰다. 여기에 자극을 받은 미국의 환경단체 세리즈Ceres는 기업경영이 환경과 사회에 미치는 영향을 파악하고, 공개하며, 관리하고, 개선하기 위해 노력해야 한다는 내용의 '발데즈 원칙Valdez Principles'을 발표하였고 UNEP이 이를 후원하면서 오늘날 ESG 경영에서 중요한 역할을 하고 있는 글로벌 보고 이니셔티브 GRIGlobal Reporting Initiative가 발족되었다[7]. 그 후 2000년에 최초로 지속가능성 보고를 위한 글로벌 프레임워크라 할 수 있는 GRI 가이드라인G1[8]을 발표하였고, 2016년에는 글로벌 지속가능성 보고 표준인 'GRI 스탠다드'를 발표했다. 현재 포춘Fortune지가 선정한 250대 글로벌 기업의 대부분이 이 GRI 가이드라인에 따라 지속가능경영보고서를 발간하고 있다.

엑손 발데즈(Exxon Valdez)호의 원유 유출사고[9]

1989년 3월 24일 미국 알래스카 주 프린스 윌리엄만에서 미국 대형 정유사인 엑손의 발데즈호가 좌초되어 총 37,000톤에 달하는 기름이 바다로 유출되는 사고가 발생했다. 이 기름유출 사고는 그 이후 2010년에 있었던 Deepwater Horizon 기름유출 사고를 제외하고 미국 역사상 최대 규모였으며 지역, 국가, 산업군의 대응능력을 시험하는 계기였다. 그 여파로 2,100 km에 달하는 알래스카 중남부 해안이 오염되고 바다 새 250,000마리, 해달 2,800마리 등이 폐사되었으며, 방제작업에 총 23억 달러가 투입되면서 인간의 경제활동이 환경과 생태계를 파괴하는 현장을 세계가 목격하게 되었다. 사고조사 후 항해사가 과도한 작업량에 시달렸고 선장이 제때에 조종실에 없었음을 지적하며, Exxon 회사는 선장을 관리감독하고 발데즈호 선원들에게 충분한 휴식을 제공해야 하는 책임을 이행하지 못했다는 비판을 받았다. 유출된 기름은 장기적으로 생태계를 교란시켰는데, 사고 9년 후까지도 가마우지나 골든아이 등의 바다 새에서 기름유출의 부정적 영향이 발견되었다.

ESG 경영 개념 태동

2000년에 들어 UN 글로벌 콤팩트Global Compact[10]에서는 기업의 사회적 책임Corporate Social Responsibility: CSR에 대한 국제협약을 체결했다. 이는 인권보호, 노동자보호, 환경친화, 반부패와 관련된 항목들을 담고 있는데, 이것은 ESG 각 분야의 골격이 되는 핵심 항목들을 포함한다.

UN 글로벌 콤팩트 10대 원칙[11]

<인권 - Human Rights>

1. 기업은 국제적으로 선언된 인권 보호를 지지하고 존중한다.
2. 기업은 인권 침해에 연루되지 않도록 적극 노력한다.

<노동자 – Labour>

3. 기업은 결사의 자유와 단체교섭권의 실질적인 인정을 지지한다.
4. 모든 형태의 강제노동을 배제한다.
5. 아동노동을 효율적으로 철폐한다.
6. 고용 및 업무에서 차별을 철폐한다.

<환경 – Environment>

7. 기업은 환경문제에 대한 예방적 접근을 지지한다.
8. 환경적 책임을 증진하는 조치를 수행한다.
9. 환경친화적 기술의 개발과 확산을 촉진한다.

<반부패 – Anti-corruption>

10. 기업은 부당이익 취득 및 뇌물 등 모든 형태의 부패에 반대한다.

실제로 이러한 개념은 더욱 체계화되어 2004년 글로벌 콤팩트에서 발표한 보고서에 ESG라는 용어가 처음으로 등장한다. UN은 기업의 책임경영을 위해서는 ESG의 체계적인 대응이 절실하다고 역설하였으며, 2006년에는 UN 책임투자원칙에 ESG를 구성하는 세부요소를 제시하였다. UN 책임투자원칙은 '투자자가 기업의 환경보호, 사회책임, 지배구조개선 관련 실천수준을 투자결정 요소로 반영하고, 아울러 이러한 요소별 실천수준에 대한 기업정보를 공개하도록 요구하자'는 내용의 발의이다. 이 원칙이 발표된 이후 전 세계의 주요 기관 투자자들은 기업의 생산성과 재무적 성과 외에 ESG 경영 실태와 노력을 기업

투자 결정에 반영하기 시작하였다. 최근 UN 책임투자원칙에 가입한 기업 및 기관 수는 급격히 증가하고 있으며, 현재는 135개국 7,000개 이상의 기업이 참여하는 세계 최대 기업 지속가능성 이니셔티브로 자리잡고 있다(그림 1.2).

UN 책임투자원칙(UN PRI) 6대 원칙[12]

1. 우리는 투자 분석과 의사결정 과정에 ESG 이슈를 통합한다.
2. 우리는 투자철학 및 운용원칙에 ESG 이슈를 통합하는 적극적인 투자자가 된다.
3. 우리는 투자대상에게 ESG 이슈와 관련된 적절한 정보공개를 요구한다.
4. 우리는 투자산업에서 PRI 준수와 이행을 위해 노력한다.
5. 우리는 PRI의 이행 효과 증대를 위해 상호협력한다.
6. 우리 각자는 PRI의 이행에 대한 우리의 활동과 과정을 보고한다.

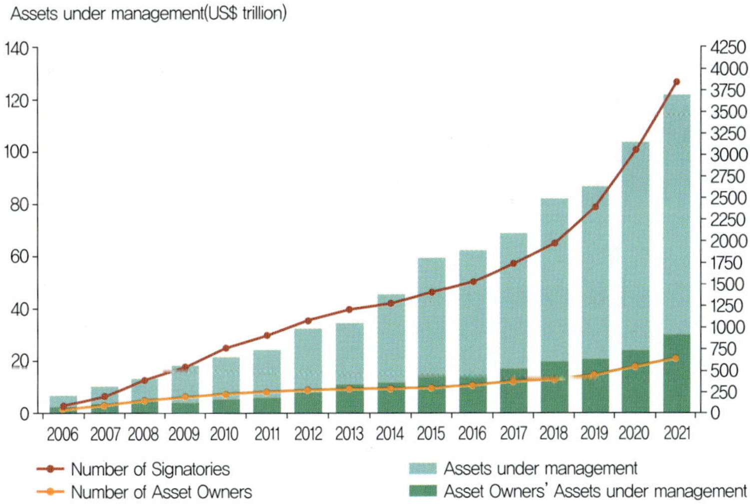

그림 1.2 UN 책임투자원칙 가입 기업 및 기관 수

출처: https://www.unpri.org/about-us/about-the-pri

국제표준화기구(ISO) 인증과의 관계

국제표준화기구International Standard Organization: ISO는 1946년에 출범된 단체로 각종 분야의 제품 및 서비스의 국제교류를 용이하게 하기 위해 상품이나 서비스의 표준화를 도모하는 국제 기구이다. 1996년에 환경경영시스템Environmental Management System: EMS과 관련한 ISO인증(ISO 14001)을 제정하였는데, 이는 조직의 모든 활동, 제품 및 서비스와 관련된 환경 영향에 대해 담당자뿐만 아니라 전 직원이 함께 참여하여 문제를 체계적으로 관리하는 시스템이며 이에 대한 인증을 부여한다.

그 외에 ISO 37001은 조직의 부패방지를 위해 2016년에 제정된 반부패경영시스템Anti-bribery Management System 표준으로, 윤리경영인증시스템이라 할 수 있다. 이는 특히 다양한 파트너와 이해관계자들 사이에서 발생하는 부패 위험에 합리적으로 대응하고 균형 잡힌 정책, 절차, 통제를 가능하게 하는 시스템을 말한다. 청렴 및 투명경영을 보여주는 잣대로서 인증취득 시 대외적 신뢰도를 높일 수 있다. 2010년에 들어서 ISO도 ESG 관련 사회적 함의를 고려하여 기업의 사회적 책임에 대한 실행지침과 권고사항을 담은 ISO 26000을 제정하였다. 기업의 지배구조, 인권, 노동, 환경, 공정거래, 소비자, 지역사회 참여의 7가지 영역에 걸친 목표를 설정하고 국가, 시민, 기업, 단체가 이를 실천하기 위해 노력하도록 제정한 표준이다.[13] 최근 국내에서는 2022년 1월 27일부터 시행된 중대재해처벌법으로 인하여 ISO 45001 안전보건경영시스템과의 연계에도 관심이 높아지고 있다.

지속가능발전목표 수립

2015년 유엔과 193개국 정상들이 만장일치로 합의하여 2030을 위한 지속가능발전아젠다The 2030 Agenda for Sustainable Development를 채택하였다. 이 아젠다는 지속가능발전목표Sustainable Development Goals: SDGs인데, 이는 선진국과 개발도상국 모두가 긴급히 실천해야 할 17개 목표와 169개 세부 목표로 구성된다.[14] SDGs에는 빈곤종결, 기아해소, 건강증진과 웰빙, 양질의 교육, 성평등, 깨끗한 물과 위생, 적정가격의 청정에너지, 양질의 일자리와 경제성장, 산업혁신과 사회기반시설, 불평등해소, 지속가능도시와 공동체, 책임적 소비와 생산, 기후, 해저생물보호, 육상생물보호, 평화정의를 실현하는 행정사법제도, 목표실천을 위한 글로벌 파트너십의 성취가 17가지 지속가능발전목표로 제시되었다.

현재 글로벌 대표기업 나이키, 펩시, 유니레버, 존슨앤존슨 등 수많은 기업들이 자체 지속가능보고서를 만들고 있는데, 이 보고서에는 SDGs 중 어느 목표 달성을 위해 어떤 전략을 수립하고 있으며 이를 어떻게 실천하고 있는지에 대한 내용이 제시된다. 기업들은 17가지 지속가능발전목표 중 달성가능한 항목을 중심으로 개선노력을 하고 있으며, 이는 환경보호, 사회책임, 지배구조개선을 중심으로 하는 ESG 경영 목표와도 부합되므로, 기업의 ESG 보고서에도 이 지속가능발전목표 항목이 그대로 적용되고 있다.[15]

그림 1.3 UN 지속가능발전목표[16]
출처: https://sdgs.un.org/goals

3) ESG 경영의 목표와 구성요소

ESG 경영 목표

ESG 경영은 기업의 경제적, 사회적, 환경적 책임을 바탕으로 지속가능한 발전을 추구하는 경영 방침을 뜻한다. 기업 본연의 목적인 이윤창출에 기반한 '성장중심경영'에서 보다 넓은 안목의 '지속가능경영'으로 경영의 중심축이 이동하면서, ESG 경영을 추구하는 기업들은 '장기적으로 안정적인 기업경영을 하기 위해 환경보호와 사회책임에 앞장서고, 조직의 지배구조개선을 통해 투명하고 신뢰도 높은 경영환경을 만든다'는 목표를 가진다. 기업의 성장중심 성과는 재무적 지표로 측정할 수 있지만, ESG 경영 성과 측정을 위해서는 측정지표를 만들고, 이지표별로 목표대비 달성결과를 공개하고, 기업 간 비교를 통해 동일 산업 내에서 각 기업의 ESG 경영 성과 수준을 판단하도록 한다. 투자자들은 장기적인 안목에서 투자매력성을 판단하는 주요 근거로 재무성과와 함께 ESG 경영 성과를 활용할 수 있다.

ESG 경영 구성요소

ESG 경영의 구성요소별로 현재 거론되는 핵심 키워드는 다음과 같다. 환경Environment 요소에는 기후변화 대응, 탄소배출 저감, 자원 절약, 재활용 촉진, 청정기술 개발 요소가 주목받고 있으며, 사회Society 요소에는 노동환경 개선, 사회적 약자 보호, 인권 존중, 고용 평등, 다양성 지향의 키워드가 주를 이룬다. 지배구조Governance 요소에는 투명한 기업 운영, 고용 평등, 법과 윤리 준수, 반부패 및 공정성 강화 키워드가 중요하게 고려된다. 이러한 ESG 경영의 구성요소는 시대적 요구, 환경, 가치관의 변화에 따라 새로운 요소가 추가되거나 부각될 수 있다.

표 1.1 ESG 경영 구성요소[17]

ESG 경영 구성요소	환경(E)	사회(S)	지배구조(G)
주요 키워드	기후변화 대응, 탄소배출 저감, 자원 절약, 재활용 촉진, 청정기술 개발	노동환경 개선, 사회적 약자 보호, 인권 존중, 고용 평등, 다양성 지향	투명한 기업 운영, 고용 평등, 법과 윤리 준수, 반부패 및 공정성 강화

출처: 효성 FMS. http://www.hyosungfms.com

ESG 경영 이해관계자

ESG 경영의 이해관계자stakeholder란 ESG 경영에 참여하고 있는 조직의 활동과 관련된 모든 사람을 포괄한다. 조직에 관심이나 우려를 가지고 있으며, 조직의 행동, 목표, 정책에 영향을 주고받는 모든 대상을 포함한다. 이해관계자의 범위는 초기에는 주주, 고객, 임직원과 같이 좁은 범위에 한정되다가 점차 확대되었다. 기존 기업의 이해관계자는 S.P.I.C.E.[18]-사회society, 협력사partners, 투자자investors, 고객customers, 직원employees-의 5대 이해관계자를 칭하는 것인데, ESG 경영에 있어서는 여기에 환경environment을 더한 6대 이해관계자를 말한다. 기업의 특성과 활동에 따라 이해관계자의 범위는 정부, 공공기관, 채권자, NGONon-Government Organization, 시민단체까지로 더 넓어지기도 한다.

주요 이해관계자의 특성을 살펴보면 다음과 같다. 사회society는 기업 활동의 장소가 되므로 기업은 지역사회의 경제, 고용, 환경 등에 영향을 미친다. 협력사partner는 자원을 조달하고 공급받는 관계를 설정하며 기업과 상생하는 과정에서 다양한 영향을 주고받는다. 투자자investor 및 주주shareholder들은 기업의 성장성에 대한 판단을 바탕으로 기업에 자금을 투자한 사람이나 기관이다. 이들은 기업이 좋은 성과를 내어 기업가치가 증대하면 주식가치가 상승하여 배당금을 더 많이 받을 수 있으므로 기업경영에 큰 관심을 가진다. 고객customer은 기업이 제공하는 제품이나 서비스를 구매하고 소비하는 주체로서 제품과 서비스 수준 및 생산·유통 과정에 대한 요구사항을 기업에 적극적으로 전달하며, 기업은 이러한 고객의 요구를 반영하여 매출을 성장시키도록 노력한다. 이해관계자로서 고객은 현재 고객뿐만 아니라 과거와 미래의 고객까지를 포함하며 개인과 기업고객까지 아우르는 개념이다. 임직원employee은 각자 맡은 역할을 수행함으로써 기업성과를 창출하고 기업의 성장에 따라 연봉과 복지수준이 달라지므로 기업의 핵심적인 이해관계자이며, 과거와 미래의 임직원과 그 가족까지 포함한다. 환경environment은 기업 경영활동의 영향을 받는 대상인데, 기업활동이 물, 공기, 생태계 자원에 부정적인 영향을 미치는 사례들이 많아지면서 중요한 이해관계자 중 하나로 떠오르고 있다.

2. 왜 ESG 경영인가

1) 사회구조적 관점

(1) 지구온난화

세계는 극심한 폭염, 통제할 수 없는 산불, 장기간의 가뭄, 심각한 홍수 등 날로 심각해지는 기후재앙에 시달리고 있다. 코로나바이러스로 인한 팬데믹 초기에는 세계 각국의 봉쇄로 경제활동이 위축되고 인구 및 물자 이동량이 감소되면서 온실가스 배출이 감소되고 대기질이 좋아지는 현상을 잠시나마 볼 수 있었다. 하지만 산업활동이 재개되면서 온실가스 배출량 감소는 기대하기 어려워지고 있다. 지구온난화로 인한 기후변화와 이로 인한 극단적 자연재해의 증가, 그리고 자연재해 증가로 인한 농업 생산량의 급격한 감소 및 사회와 산업 인프라의 파괴, 이로 인한 사회·경제적 불안의 증가는 연쇄적으로 이어져 시장의 불안을 가중시키고 결국 기업경영의 안정적 기반을 무너뜨린다. 지구온난화를 멈추고 기후변화가 불러올 최악의 상황을 피하려면 시급하게 온실가스를 줄여야 한다. 온실가스는 여러 물질로 이루어져 있지만 그 중 이산화탄소(CO_2)를 비롯한 탄소관련 물질이 대부분을 차지하므로, '탄소중립'을 추구하는 사회적 움직임이 커지고 있다. 탄소중립이란 인간활동에 의한 온실가스 배출량을 최대한 줄이고, 나머지 배출량을 탄소포집기술로 상쇄하여 순배출량을 '0'으로 만드는 것을 말한다.[19]

이산화탄소 배출은 발전시설, 공장가동, 운송시설 가동, 소각시설 등에서 일어나는데, 섬유·패션산업을 위한 전기발전, 공장가동, 원재료 및 제품 운송, 폐기물 소각 등의 모든 과정에서 탄소가 배출된다. 탄소배출량을 줄이기 위한 노력으로는 화석 에너지 사용량 절감, 태양광 등 친환경 에너지 사용 증가, 운송량 줄이기와 전기자동차 활용 증가, 폐기물 저감 및 재활용 확대, 제로웨이스트zero waste 디자인이나 포장재 절감을 통한 재료의 효율적 사용 등을 들 수 있다.

표 1.2 업종별 기후변화 평가득점률(%) 순위[20]

업종	해당기업군				미해당기업군	
	기업 수	기본	심화	평균(순위)	기업 수	평균(순위)
1 금융업	5	74.89	−0.67	74.22 (1)	42	19.56 (1)
2 건설업	5	55.22	−1.33	53.89 (2)	25	11.27 (3)
3 기계업	6	37.59	−1.11	36.48 (3)	31	2.87 (12)
4 운수창고업	12	36.71	−1.39	35.32 (4)	10	9.06 (4)
5 유통업	9	35.68	−1.48	34.20 (5)	44	6.84 (5)
6 전력가스업	5	35.56	−2.00	33.56 (6)	8	15.28 (2)
7 전기전자업	24	33.70	−1.39	32.31 (7)	29	0.77 (17)
8 기타서비스업	7	31.90	−1.43	30.48 (8)	48	6.45 (6)

(계속)

업종	해당기업군				미해당기업군	
	기업 수	기본	심화	평균(순위)	기업 수	평균(순위)
9 음료식품업	18	32.19	−1.85	30.34 (9)	27	5.25 (7)
10 화학업	44	31.16	−1.36	29.80 (10)	38	3.30 (10)
11 조선업	5	31.11	−2.67	28.44 (11)	1	0.00 (18)
12 의약품업	7	27.46	−0.95	26.51 (12)	33	1.01 (15)
13 지주업	1	29.44	−3.33	26.11 (13)	63	2.87 (11)
14 종이목재업	18	24.97	−1.30	23.67 (14)	3	3.70 (9)
15 운수장비업	25	25.49	−1.87	23.62 (15)	24	0.93 (16)
16 철강금속업	29	25.08	−2.07	23.01 (16)	12	0.00 (18)
17 기타제조업	11	24.29	−1.82	22.47 (17)	24	4.63 (8)
18 비금속광물제품업	13	21.03	−2.05	18.97 (18)	11	1.01 (14)
19 섬유의복업	**7**	**18.81**	**−1.90**	**16.90 (19)**	**22**	**1.46 (13)**
업종 전체	251	30.52	−1.62	28.90	495	5.47

출처: 한국기업지배구조원. http://www.cgs.or.kr

ESG 평가기관인 한국기업지배구조원[21]Korea Corporate Governance Service: KCGS은 업종별 기업의 환경경영 수준과 환경경영 성과를 평가하여 발표한다.[22] 이 중 '기후변화' 관련 평가기준은 '기후변화 대응, 온실가스 배출량 집계 및 검증, 에너지 사용량 절감 실적, 온실가스 배출량 감축 실적, 신재생에너지 관련 활동, 기후변화 리스크 평가'의 6가지 기준에 의해서 실시한다. 2019년 기후변화 분석 결과에서 섬유·의복업종은 19개 업종 중 가장 낮은 평가결과를 보이고 있는데, 이는 섬유·의복업종이 생산, 유통, 소비 활동에 있어 환경에 미치는 영향이 매우 큰 업종임에도 불구하고, 기후변화 대응을 위한 체계를 제대로 갖추지 못하고 있으며 에너지 사용량 및 온실가스 배출량 관리 및 저감 실태가 양호하지 않다는 것을 보여준다.

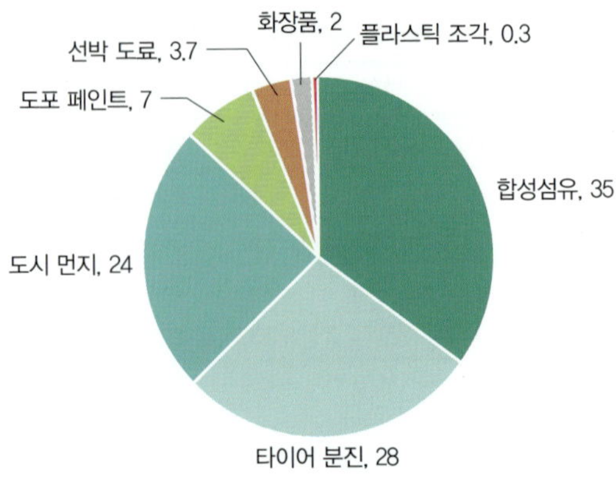

그림 1.4 글로벌 미세플라스틱 오염원(%)[23]

출처: IUCN, 유진투자증권

특히 생산과 소비가 많은 합성섬유는 글로벌 미세플라스틱 오염원으로 지목받고 있다. 국제자연보전연맹IUCN에 따르면 글로벌 미세플라스틱으로 인한 글로벌 해양 오염의 34.8%는 패스트패션 브랜드에서 생산한 합성섬유 세탁으로 인한 것으로 추정된다. 글로벌 섬유산업의 온실가스 배출량은 2018년 기준 21억 톤이다. 섬유·패션산업에 있어 에너지 효율성을 개선하고 에너지 저소비 및 온실가스 저배출형 산업구조로 전환하는 것은 매우 시급한 일이다.[24]

(2) POST COVID-19

전례 없는 감염병 확산은 전 세계 모든 기업에 큰 위협이 되었다. COVID-19 장기화로 가중된 시장의 불확실성과 고용 불안정성은 기업의 사회책임적 노력을 더 강하게 요구하는 결과를 낳았다. 기업의 입장에서도 장기적 생존력을 높이기 위해 사회에서 요구하는 기업의 역할에 보다 더 적극적으로 반응해야 했다. 팬데믹 대재앙 가운데 환경, 보건, 안전관리에 대한 기업의 의무는 더욱 강화되었고, 재무적 이익에만 집중하는 기업은 상생과 공존이 중요한 가치가 된 상황에서 더 이상 생존하기 어렵게 되었다.[25]

팬데믹와 같은 위기가 발생하면 평상시 누적된 기업 신뢰와 브랜드 가치가 선명하게 드러나게 되고, 이 상황에서 소비자들은 위기에 더욱 효과적으로 대처하며 회복탄력성resilience을 보이는 브랜드에게 신뢰를 느끼며, 이러한 신뢰감이 구매 결정에 큰 영향을 미친다. 이미 ESG 경영을 내재화했던 기업들은 이번 위기도 원활히 극복하는 모습을 보였다. ESG 경영마인드를 갖춘 기업은 비즈니스에서 파생되는 다양한 시나리오를 고려하며 선도적이고 전략적인 사고방식으로 고객-기업-사회의 상생을 모색한다.

일례로, 미국의 주방용품 및 가구 회사인 윌리엄소노마Williams-Sonoma, Inc.는 팬데믹으로 매장이 폐쇄된 후에도 직원들에게 급여와 복지혜택을 계속 제공했고, 물류센터 직원들에게 추가적인 건강 보호 조치와 임금 인상을 시행하여 위기 상황 속에서도 직원들을 존중하고 있음을 보여주었다. 결과적으로 윌리엄소노마는 직원들의 고용상태를 유지하며 온라인 수요 증가에 원활히 대응할 수 있었으며, 봉쇄 해제 이후 다시 오픈한 매장으로 충성고객을 끌어들일 수 있었다.[26]

기업이 사회의 일원으로서 사회적 책임을 다하고, ESG 경영을 추구하며 이해관계자들과의 상생을 중시하고 사회적 가치를 창출할 때 기업의 가치는 비로소 실현된다. 주주의 이익을 극대화하기 위한 경영방식에서 고객, 직원, 파트너, 사회 등 모든 이해관계자의 이익을 함께 추구하는 경영활동으로 전환할 때 비로소 지속적인 성장이 가능하며 미래의 생존력도 높일 수 있다. 기본적으로 기업은 사회를 위해 일하고 사회는 이를 인정하는 선순환 고리를 만들고, 나아가 기업 간에 전략적으로 협력할 수 있는 ESG적 상생 생태계를 구축해야 할 때이다.

(3) 친환경 소비문화

코로나로 인한 팬데믹은 플라스틱 폐기물 이슈를 수면 위로 끌어올리는 역할을 하였다. 위생에 대한 인식 강화, 음식 테이크아웃과 배달 확대, 온라인 쇼핑 활성화 등으로 플라스틱 포장재 사용량이 폭발적으로 증가했다. 사람들은 매일 쏟아져 나오는 플라스틱 쓰레기를 마주하며 '죄책감'이라고 표현할 정도의 심리적 불편감을 호소했다. 이에 대한 강도 높은 해결 방안으로 용기의 재사용·재활용을 확대하고, 일회용 플라스틱 사용량을 줄여야 한다는 목소리가 높아지고 있다. 최근 ESG 경영이 강조되면서, 소비자 대상의 계도활동을 넘어 기업들에게 플라스틱 폐기물 이슈 해결에 대한 근본적 책임을 물어야 한다는 분위기가 확산되는 추세이다.[27]

한편 지난 20년간 패스트패션fast fashion 브랜드들이 글로벌 시장에서 크게 성장하면서 의류업계에서도 폐기물 문제가 대두되었다. 의류 판매량이 증가할수록 한 벌당 의류 사용시간은 줄어든다. 저가의 패스트패션 제품 소비가 증가하면서 쉽게 사고 쉽게 폐기하는 소비문화가 확산되었고, 이는 의류 폐기물 증가를 초래했다. 2018년 기준 하루 평균 국내 의류 폐기물량은 2015년 대비 24.2% 증가한 181.7톤으로 급격한 증가세를 보였다.

소비자들은 더 이상 방관하지 않고 이에 대해 개선을 요구하는 목소리를 내고 관련 활동에 적극 동참하고 있다. 글로벌 컨설팅 기업 딜로이트가 2019년 말 43개국 18,400명의 밀레니얼과 Z세대를 대상으로 설문조사를 실시한 결과[28], 이들의 최대 관심사는 기후변화와 환경

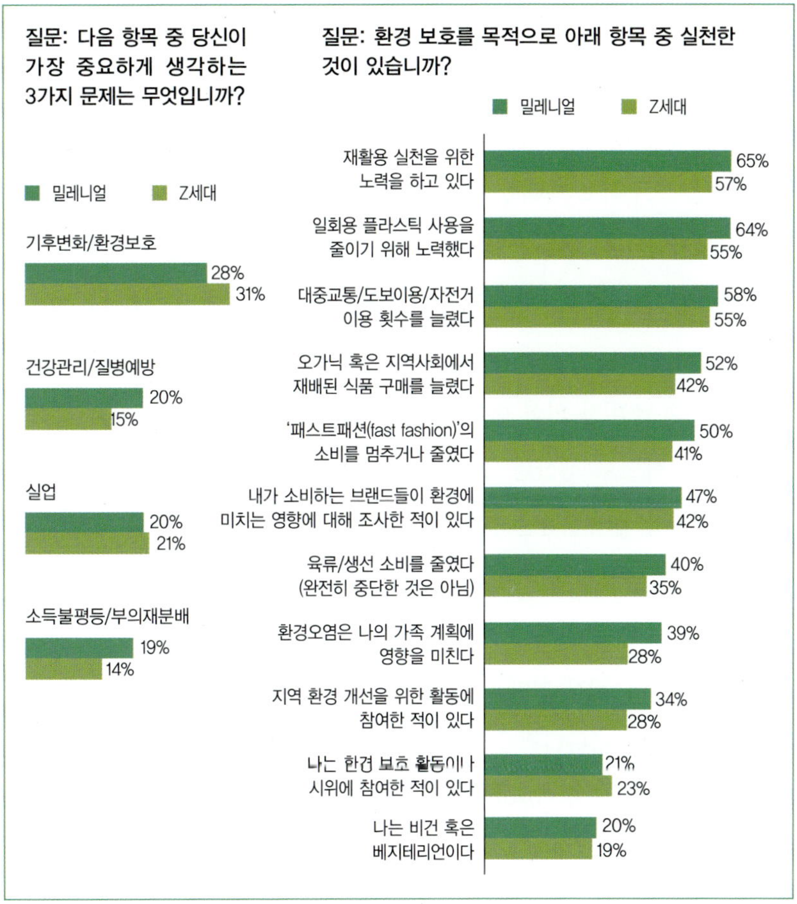

그림 1.5 MZ세대의 기후변화와 환경보호에 대한 관심[29]
출처: 딜로이트 분석

보호였다. 기후변화 및 환경보호에 대한 이들 세대의 관심은 실업이나 부의 재분배 같은 경제적 문제를 앞질렀다. 밀레니얼과 Z세대는 단순한 관심에 그치는 것이 아니라 환경보호와 지속가능성을 위해 개인의 일상을 변화시키고 있다. 절반 이상의 응답자가 대중교통 이용 횟수를 늘리고 패스트패션 소비를 줄였으며, 64%의 응답자가 일회용 플라스틱 제품 사용을 자제하고 분리수거에 동참하고 있다고 응답했다. 이러한 결과를 볼 때 소비주체인 MZ세대는 사회공동체의 일원으로서 친환경 생활양식을 추구하는 데 매우 적극적이므로, 기업에게도 이러한 책임을 요구하고 기대할 것이다. 사회적 책임을 중요시하는 MZ세대에게는 기업이 사회에 기여하는 존재인지 여부가 그 기업을 선택하고 오랫동안 기업과의 관계를 지속할지를 결정하는 데에 중요한 기준이 되고 있다.

이러한 소비자 의식 변화 속에서 섬유·패션산업에서도 친환경 소재와 윤리적으로 생산된 소재 사용을 확대하려는 움직임이 커지고 있다. 재활용 섬유시장은 지속적으로 증가하여 2018년 53억 3,200만 달러 규모에서 2026년에는 80억 200만 달러 규모의 시장으로 성장하여 연평균 5.2% 증가세를 보일 것으로 전망했다. 재활용 섬유 시장에서 의류용 섬유 시장 전망은 자동차, 건축 등의 용도와 비교해서 가장 좋은 것으로 나타났다.[30]

또한 도살에 잔인함이 없는no cruelty 소재를 표방하고 사육 시 발생하는 탄소배출량도 없도록 동물성 소재 대신 식물성 소재인 비건vegan 소재를 사용하려는 움직임도 커지고 있다. 비건 소재 사용은 울, 캐시미어, 실크, 가죽, 퍼 등을 대신하여 면, 합성섬유, 재생섬유, 인공가죽, 생

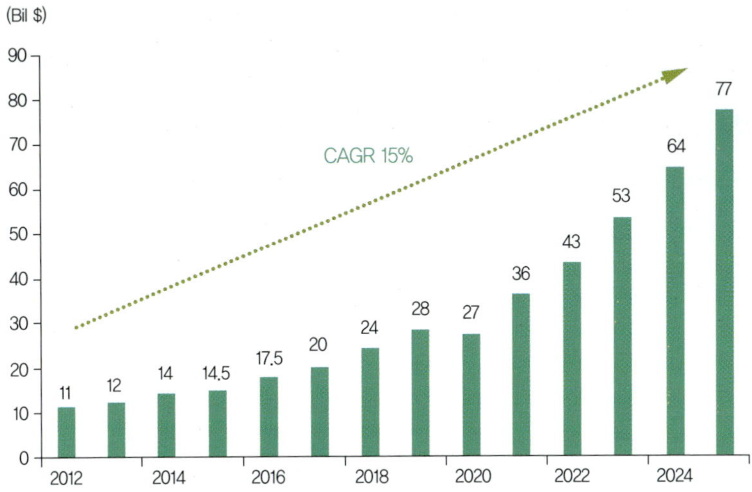

그림 1.6 글로벌 중고 의류 시장 규모[31]
출처: Statista, 유진투자증권

분해 섬유 등을 사용하는 것을 말한다. 여성복의 비건 패션 시장 전망에 따르면 2020년과 2026년 사이 이 시장 규모가 두 배 이상 증가할 것으로 예측된다.

한편 친환경 소재 선택을 넘어 중고거래를 통해 제품의 사용주기를 늘리려는 노력도 커지고 있는데, 2020년 글로벌 중고 의류 시장 가치는 270억 달러로 추정되며 2025년에는 770억 달러 시장 규모를 이룰 것으로 전망된다.[32]

(4) 디지털 전환

세계 톱 디자이너브랜드 버버리Burberry, 톰포드Tom Ford, 베트멍Vetements 등은 2016년 가을 전 세계 패션위크에 불참을 선언했다. 신제품 출시 계획을 봄/여름, 가을/겨울 시즌으로 나누어 미리 알리는 것은 더이상 의미가 없다고 판단한 것이다. 소비자들은 연간 두 차례의 컬렉션 트렌드를 기다리지 않고 자신의 취향을 반영한 디자인들을 수시로 보기를 바란다. 소셜네트워크 서비스SNS를 적극적으로 사용하는 소비자들은 더이상 패션정보의 수동적 수신자로 남아 있기를 거부하고, 정보의 발신자이자 전파자로서 활발히 활동하는 패션시장의 의견선도자로 도약했다. 패션 브랜드들도 이러한 흐름을 직시하고 고객 데이터를 효과적으로 수집·분석하여 새로운 형태의 마케팅 전략을 구사할 수 있도록 ITinformation technology 시스템 구축과 뉴 테크놀로지 도입에 적극 투자하고 있다. 패션업계에서는 빅데이터와 인공지능의 활용이 고도화되면서 고객별 맞춤 추천 서비스 제공 외에도 제품 개발, 공급망관리, 제조, 유통 등 전 과정에 걸쳐 새로운 IT 기술을 집중 도입하여 효율성을 증대시킴으로써 고도의 테크기업으로 변신하고자 하는 움직임이 계속되고 있다. 고객의 미묘한 취향과 주변 영향 요인에 따라 선호하는 제품이 다양하게 나타나고 트렌드 예측이 까다로운 패션산업은 이러한 빅데이터 기반 분석도구와 테크놀로지 적용 시 수혜를 많이 받을 수 있는 산업이므로, 이러한 변화는 기업의 크기를 막론하고 중요한 관심사가 되고 있다.

디지털 전환digital transformation의 성공 사례로 글로벌 패션기업 버버리Burberry를 들 수 있다. 오프라인 패션쇼를 온라인으로 실시간 송출하고, 전 세계에 위치한 버버리 물류 및 매장 재고 데이터를 실시간으로 관리·통제하는 IT 시스템을 구축하였으며, 이를 바탕으로 고객 데이터를 분석하여 고객의 취향과 선호에 맞는 제품 추천 개인화 서비스를 제

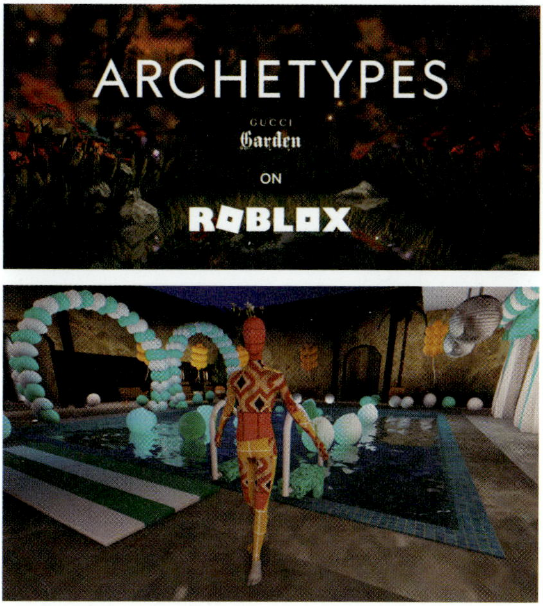

그림 1.7 로블록스 X 구찌가든[33]
출처: 구찌. https://www.gucci.com

공하여 매출증대를 달성하고 있다. 이뿐만 아니라 메타버스metaverse 플랫폼을 기반으로 가상 시장 확장전략을 펼치고 있다. 많은 글로벌 브랜드들이 메타버스 플랫폼을 활용한 시장 확장에 가세하고 있는데, 글로벌 럭셔리 브랜드 구찌Gucci도 메타버스 플랫폼 로블록스Roblox에 구찌가든Gucci Garden을 구축하여 고객의 아바타가 구찌가든에서 의상과 액세서리를 보고 구매할 수 있도록 하고 있다.[34]

대체불가토큰Non-Fungible Token: NFT 시장에도 패션 브랜드의 진출이 활발하다. 버버리는 2021년 '블랭코스 블록파티Blankos Block Party'라는 블록체인 기반 온라인 게임을 출시하였으며, 버버리 컬렉션으로 캐릭터를 꾸

미고 게임 플레이를 할 수 있도록 설계했다.[35] 글로벌 스포츠 브랜드 나이키도 패션 NFT 스타트업인 RTFKT를 인수하며 본격적으로 NFT 시장 확대를 준비하고 있다.[36]

이러한 디지털 전환의 흐름은 소비자의 소통방식과 사회적 거버넌스governance 양식에도 중대한 영향을 끼칠 것으로 예상된다. 디지털 전환 속에 더욱 확대되는 가상시장virtual market은 기후변화 및 환경문제 해결을 위한 협력적 운영 메커니즘인 그린 거버넌스green governance의 발전에도 크게 기여할 수 있을 것이다.[37] 이러한 패션산업의 디지털 전환은 피할 수 없는 대세이지만 이를 통해 새로운 성장 비즈니스로 도약할 수 있는 계기 마련의 가능성이 열려 있으며, 환경친화적 사업모델을 제시하고 사회적으로도 평등한 접근 기회를 제공한다는 점에서 ESG 경영과 그 맥락을 같이 한다고 볼 수 있다.

2) 정책적 관점

(1) 이해관계자 자본주의의 성장

이해관계자stakeholder란 단어는 1963년 미국 스탠퍼드연구소Stanford Research Institute에 의해 처음 정의되었다. 조직 운영상 연구소에서 대응해야 하는 대상집단을 뜻했으며, "이들의 지원이 없으면 조직이 더이상 존재할 수 없는 주변 집단들"을 이해관계자라 칭했다. 이해관계자는 처음에는 주주, 고객, 직원으로 구성되었으나, 시간이 흐르고 대상이 확장되면서 정부, 미디어, 혹은 비정부기구Non Government Organization: NGO 등도 이해관계자에 포함되었으며, 사람이나 기관이 아니지만 지구 환경 자체도 이해관계자의 하나로 인식되기 시작했다. 원래 전략경영을 위한 개념에서 출발했지만 점차 윤리적인 측면에서도 이해관계자를 중요하게 다루면서, 이해관계자 범위는 점차 확대되고 지속가능경영의 대상으로 인식되고 있다.[38]

2019년 굴지의 글로벌 기업인 아마존, 애플 등 181개 기업의 대표들이 모여 공동성명을 발표하며, "기업의 목적을 주주 자본주의에서 이해관계자 자본주의로 바꾸겠다."고 선언하였다. 이 성명서에는 '기업결정은 더이상 주주 이익을 극대화하는 데 그쳐서는 안 되고, 기업은 고객, 직원, 협력사, 사회 등 모든 이해당사자를 고려해야 하고, 기업은 이해당사자를 위한 근본적 책무를 공유하고 가치를 창출해야 하며 고객에게 가치를 전달하고 직원 투자를 강화하며 공정하게 협력사를 대하고 주주를 위한 장기적 가치를 창출한다'는 내용을 담았다.[39]

2020년 세계경제포럼인 다보스 포럼Davos Forum에서는 "결속력 있고 지속가능한 세계를 위한 이해관계자들Stakeholders for a Cohesive and Sustainable World"을 의제로 삼았다. 이 회의에서 이해관계자 모두를 고려한 자본주의 및 포용적 성장이 중요한 기업평가 요소가 된다고 하였으며, 이는 고객, 직원, 채권자 등의 이해를 반영하여 관계자 모두와의 공존이 목표이자 평가요소가 된다는 점을 분명히 하였다.[40] 이제는 주주중심 자본주의를 넘어 이해관계자 자본주의 시대가 도래한 것인데, 이기적 가치에 의해 움직이는 경제체제가 아닌, 비즈니스와 관련된 개체와 집단들을 모두 고려하는 사회와 경제체제로 전환되고 있다는 것을 의미한다. 이해관계자 자본주의는 이해관계에 있는 모든 사람들이 기업의 의사결정에 영향을 미칠 수 있음을 시사하며, 견제와 균형 속에 어느 일방이 지나치게 지배적이 되는 것을 막고 지속가능한 기업의 생존을 추구하는 올바른 방향이다.

(2) 기업책임경영을 위한 공급망 실사 강화

최근 글로벌 비즈니스에서는 국가 간 투자협정 체결에도 기업책임경영 관련 조항이 포함될 만큼 기업의 사회적 책임Corporate Social Responsibility: CSR 이행 요구가 거세지고 있다. 이에 기업에서도 사후대응보다 '실사Due Diligence'를 통한 사전적·직접적 리스크 관리에 중점을 두고 있다. 이와 더불어 경제협력개발기구Organization for Economic Cooperation and Development: OECD는 기업이 인권, 노동, 환경, 뇌물, 소비자 이익, 정보공개 등에 대해 기업 스스로 점검하는 방안을 구체적으로 기록한 '기업책임경영을 위한 실사지침Due Diligence for Responsible Business Conduct'을 발표했다. '실사'는 기업의 운영, 공급망, 기타 비즈니스 관계에서 발생할 수 있는 잠재적인 부정적 영향을 확인하고 예방·완화시키기 위해 수행하는 조사를 말한다. OECD 다국적기업 가이드라인 참여국에서 사업 활동을 하거나 참여기업과 연관이 있다면 실사지침 적용 대상이다.[41]

또한 EU는 기업의 공급망 내 인권 및 환경보호 강화를 위해 '기업지속가능성 실사Directive on Corporate Sustainability Due Diligence법'으로 명명된 공급망실사법 초안을 발표하였고 2024년부터 이를 본격적으로 적용한다. 이 법안에 따라 공급망 전체에 대한 인권환경 실사를 진행하고 잠재적인 부정적 영향을 파악해 이를 최소화하기 위한 방안 공개를 요구한다. 이 법에는 일정 규모 이상의 기업을 대상으로 공급망 실사를 의무화하며 해당 기업의 자회사, 협력사, 공급망 내 파트너사들에 대해서도 책임지도록 하고 있다. 기업의 공급망 전체에 걸쳐 인권 및 환경 관련 실사를 의무화하며, 위반에 대한 행정제재 적용 및 피해에 대한 민사책임도 허용할 것을 제안하고 있다. EU 공급망 실사법은 역내에서 영업활동을 하는 기업이 협력·납품업체들의 노동자 인권보호 현황과 환경오염, 온실가스 배출량 등을 자체적으로 조사해 문제가 있으면 이에 대한 해결을 의무화하는 법이다. 이 법의 적용을 받는 기업은 비즈니스 모델과 경영전략 수립 시 파리협약이 정한 '지구 온도 상승폭을 1.5℃ 이내로 억제한다'는 목표에 부합하도록 해야 한다. 해당 기업은 또한 제품의 생산 및 유통 등 공급망에 속한 기업들에 대해 노예노동이나 아동노동, 임금착취, 온실가스 배출, 환경오염, 생물다양성 훼손, 생태계 훼손, 산업재해, 직원건강 위협 문제 등이 발생하지 않도록 해야 한다. 이 법안은 EU 지역과 무역거래를 하는 우리나라를 비롯한 전 세계 기업들에게 폭넓게 적용되며, 각 국가들은 이 법안을 바탕으로 국가별 공급망실사법 제정에 나서고 있다.[42] 우리나라의 기업들도 기업 규모와 상관없이 공급망 실사의 대상이 되고 있는데, 중소기업중앙회가 실시한 '공급망 ESG 대응현황 조사'에 따르면 대기업과의 거래나 수출실적이 있는 600여 개의 중소기업 중 80%가 ESG 자료 요구를 받아본 경험이 있으며 요구한 주체는 대기업과 해외 거래처가 많았는데, 이는 산업환경에서 ESG 관련 공급망 실사의 요구압력이 거세다는 점을 보여준다.[43]

(3) 환경규제 및 법규 강화

환경규제는 국민건강 및 환경보전과 지속가능한 경제 발전을 위해 국내외에서 제정한 환경관련 법률 및 표준과 국제기구에서 정한 환경관련 협약 및 표준을 의미한다. 국제환경규제는 대외적으로는 자국 혹은 범지구적 환경보호의 목적을 표방하지만, 실제적으로는 자국 산업의 보호를 위한 비관세 수출장벽으로 작용하고 있다. 최근 글로벌 산업에서는 기후변화 관련 환경규제가 지속적으로 강화되고 있으며, 이러한 환경규제는 국가 간 비즈니스 거래에 있어서 중요한 진입장벽이 되고 있다.

기후변화에 대한 국제적 대응과 이에 따른 환경규제의 강화에 대한 관심이 고조되는 가운데 '탄소'배출 관련 규제들이 제정되고 있는데, 이는 에너지 시장을 넘어 전 경제주체들의 활동에 지대한 영향을 미치고 있다. 환경규제와 에너지 시장에 대한 관심 속에 기후변화 대응 체제와 협정들은 지속적으로 체결, 발효, 실천, 보완되어 왔다. 1997년에 체결했던 교토의정서는 기존 국제사회의 기후변화에 대한 대응 근거로 사용되어 왔는데 2020년에 교토의정서가 만료되면서, 2015년에 체결되어 지속적으로 보완되어 온 파리기후협약이 이를 대체하고 있다. 선진국을 중심으로 한 개별 국가들이 자발적으로 탄소중립 목표를 공표하면서, 적극적인 참여에 나서고 있다. 전통적으로 환경문제에 적극적인 유럽 주요 국가들은 2050년까지 탄소중립을 달성하겠다고 선언했을 뿐 아니라, 2030년까지의 구체적인 온실가스 감축 목표와 실행계획도 제시한 상태이다.

국제사회의 기후변화에 대한 목표 역시 상향 조정되고 있다. 기존

파리기후협약의 장기 목표는 산업화 이전 시대와 비교하여 지구의 평균 기온 상승을 2℃보다 상당히 낮은 수준으로 유지하고, 1.5℃ 이하로 제한하기 위해 노력하는 것이다. 하지만 현재 국제사회는 파리협약이 '추구'했던 1.5℃를 달성하기 쉽지 않은 수준의 '목표'로 인식하고 있다.

기후변화에 관한 정부 간 협의체Intergovernment Panel on Climate Change: IPCC[44]는 2100년까지 지구 평균온도 상승 폭을 1.5℃ 이내로 제한하기 위해 전 세계 이산화탄소 배출량을 2010년 대비 45% 이상 감축하여 2050년에 탄소중립을 달성해야 한다는 목표를 제시하였다. 그러나 이러한 관심과 노력에도 불구하고 IPCC는 2021년 54차 총회에서 "현 수준의 온실가스 배출량을 유지한다면 2021~2040년 중 지구 온도는 산업화 시대(1850~1900년) 대비 1.5℃ 상승할 가능성이 크다"고 암울한 상황에 대해 발표하였다. 이는 2018년에 내놓은 보고서의 내용과 비교하여 지구 온도 1.5℃ 상승 시기를 9~12년 정도 더 앞당겨서 예측을 수정한 것으로, 탄소중립이 가까워지기는커녕 오히려 지구온난화가 더욱 급속도로 진행되고 있음을 시사한다.

이러한 기후변화대응의 어려움으로 인한 위기의식이 확산되면서 각 국가 내의 탄소배출권과 국가 간 탄소국경세 개념이 생겨나고 빠르게 적용되면서 각 기업들은 RE100Renewable Electricity 100%[45]을 선언하고 탄소중립국임을 공시하기 시작했다. RE100은 영국 다국적 비영리기구인 '더 클라이밋 그룹The Climate Group'에서 2014년 런칭한 글로벌 캠페인으로 '기업이 사용하는 전력 100%를 재생에너지로 충당하겠다'는 목표를 가진다. 나이키, H&M, 샤넬 등 굴지의 글로벌 패션 기업들도 RE100에

그림 1.8 RE100 참여기업[46]
출처: 한국RE100협의체. https://www.k-re100.or.kr

가입했다.

이와 함께 미국과 유럽을 중심으로 탄소중립을 위한 무역제재trade sanctions를 구체화하면서 각 국가의 적극적 동참을 유도하고 있다. 다면적으로 요구되는 탄소배출량 감소 압력 속에서 연기금과 같이 대규모 장기 투자금을 운용해야 하는 투자기관과 투자회사들은 환경과 사회 문제 등 장기 리스크에 잘 대응하거나 혹은 잘 대응할 준비가 되어 있는 기업들을 선별해야만 하는 상황이 도래한 것이다.[47]

탄소배출권 거래제도는 온실가스 배출에 대한 비용을 배출 주체에 부담하도록 하는 탄소 가격제의 일종이다. 탄소배출권 거래는 꾸준히 도입 지역이 확대되고 있으며, 규제의 강도도 날로 강화되는 추세이다. 2005년 EU의 탄소배출권 거래 시장제도가 도입된 이래, 현재 약 40개 이상의 국가에서 탄소배출권 거래제도가 시행 중이다. 탄소배출권 거래제도 활성화는 궁극적으로 탄소의 '가치'를 수치화하는 것이 용이해짐을 의미하므로, 향후 기업과 투자자들은 기업의 탄소 비용을 측정하는 것이 가능할 것이다.

탄소국경세도 탄소배출에 따른 비용부담을 가중시키는 요인이다. 경제 규모가 큰 국가가 탄소국경세를 도입할 경우, 이는 더이상 개별 국가의 문제가 아니다. 해당 국가 시장에 제품을 판매하는 기업들은 결국 탄소국경세를 도입한 지역의 기준을 충족시켜야 하기 때문이다. 탄소국경세는 궁극적으로 파편화되어 있는 탄소배출권 시장의 기준을 통합하는 역할을 하게 될 것이다. EU에서 발효한 기후 기본법과 입법패키지Fit for 55에는 탄소국경조정세Carbon Border Adjustment Mechanism: CBAM가 포함되어 있다. 해당 방안에 따르면 탄소국경세는 2026년부터 적용되며, 역외 수입 물품에 대해서는 탄소배출량만큼 CBAM 인증서certificate를 구매해야 하며, 배출량 검증이 어려울 경우에는 EU 집행위원회에서 정하는 표준설정가치default value를 적용하게 된다. 이에 미국을 비롯한 여러 나라들도 탄소국경세의 도입을 검토 중이다.[48]

이러한 글로벌 법규제 변화 속에서 기후변화 대응과 같은 범국제적 의제에서 리더십을 갖기 위한 국가의 노력이 절실한 시점이 되었다. 우리나라는 2020년 7월 한국판 그린뉴딜을 발표하며 여기에 탄소중립 목표를 포함시켰다. 같은 해 10월에는 대통령이 "탄소중립선언"을 발표하였으며, 12월에는 기획재정부가 "2050 탄소중립 추진전략"을 발표하였다.[49]

이처럼 전 산업과 사회적으로 탄소배출량 감소 촉진을 위해 개인이나 기업이 직간접적으로 발생시키는 온실가스의 총량을 의미하는 '탄

표 1.3 기후변화 관련 국내외 정책

구분		내용	비고
The European Green Deal	EU GREEM DEAL 유럽 그린딜	• 2050 탄소배출 제로(탄소중립 달성) • 2050년까지 탄소 순배출량을 제로로 만드는 탄소중립 목표와 최초의 탄소중립 대륙이라는 비전 포함 * 한국판뉴딜; 대한민국 대전환 10대 과제 (디지털뉴딜, 그린뉴딜, 안정망 강화)	대한민국 대전환 한국판뉴딜
	CO_2 TAX EU 탄소세 탄소국경세	• 지구의 온한화 방지를 위해 이산화탄소를 배출하는 석유·석탄 등 각종 화석에너지 사용량에 따라 부과하는 세금 • 2023년부터 5개 분야(철강, 시멘트, 비료, 알루미늄, 전기) 우선 적용 2026년 전면도입	인증서 구매
EUPC EUROPEAN PLASTICS CONVERTERS	EU plastic tax 플라스틱세	• 재활용이 불가능한 플라스틱 폐기물에 kg당 0.8유로(80ct)의 세금 부과(2021년 1월 1일부터 시행) • 유럽 외 나머지 주요 국가는 비닐봉지에 소비세 부과	1회용품 단계적 금지
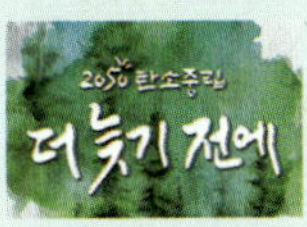	탄소중립 기본법	• 2030년까지의 중장기 국가 온실가스 감축목표(2030 NDC)를 2018년 대비 35% 이상 감축 범위 설정 • 세계 14번째로 2050 탄소중립 이행 법제화 • 2030 온실가스 감축 목표 2018년 대비 35% 이상 범위 설정	환경부 Ministry of Environment
RE 100	재생에너지	• 기업 활동에 필요한 에너지를 100% 재생에너지로 공급 • 공급망 내 협력업체들의 재생에너지 사용량 정보공개와 사용확대 추세	영국최초 소개 자발적 참여

소발자국'의 개념이 생겨났다. 제품 및 서비스의 원료 채취, 생산, 유통 및 운송, 사용, 폐기 과정의 전 과정에서 발생하는 온실가스 발생량을 이산화탄소 배출량으로 환산하여 라벨 형태로 제품에 표시하는 인증

제도를 실시하고 있다. 정부가 인증하는 환경성적표지로 2011년부터 저탄소제품 인증을 도입하였다. 저탄소제품인증은 동종제품의 평균 탄소배출량 이하이면서 저탄소 기술을 적용하여 온실가스 배출량은 4.24% 감축한 제품을 대상으로 부여한다.

그림 1.9 저탄소제품인증

(4) 비재무적 데이터 공개 의무화

유형자산은 재무자산 또는 재무적 가치로, 무형자산은 비재무자산 또는 비재무적 가치로 부를 수 있다. 사회적 책임에 관한 국제표준인 ISO 26000은 조직이 지배구조, 인권, 노동, 환경, 소비자 이슈, 공정거래 관행, 지역사회 참여와 발전의 영역에서 사회적 책임을 다해야 한다고 명시하고 있다. 앞서 무형자산으로 언급한 사항을 살펴보면 비재무자산 또는 비재무적 가치는 사실상 기업의 사회적 책임과 관련해 조직이 가지고 있는 자산 또는 창출하고 있는 가치라고 봐도 무방하다. 비재무 가치를 보여주는 비재무정보는 ESG, 즉 환경·사회·지배구조 정보라고 할 수 있다. 비재무정보, 즉 ESG 정보와 공시의 중요성은 주요국에서 이를 제도화·법제화했거나 그러한 방향으로 나아가고 있다는 점에서 중요하다.

유럽연합은 평균 근로자 수 500인 이상 기업에 대해 비재무정보 공시를 의무화했다. 우리나라도 기업의 사업보고서에 사회책임 정보를 의무공시하자는 취지의 자본시장 법개정안을 발효시켰다. 현재는 이것이 자율 규정이지만 2025년부터는 모든 상장사를 대상으로 사회책임정보 공시가 의무화된다. 2015년 G20 산하 국제 금융규제·감독 역할을 하는 금융안정위원회Financial Stability Board가 설립한 기후변화 관련 재무공개협의체인 TCFDTask Force on Climate-related Financial Disclosure가 공표되어 의무화되는 방향으로 가고 있다. TCFD 권고안은 지배구조, 전략, 리스크 관리, 지표·목표 영역을 기준으로 기후변화 관련 정보를 공개하도록 하는 것으로 전 세계 90여 개국 400여 개 이상의 기업이나 기관의 지지를 받은 선언이다.[50] 이는 기후변화와 관련된 기업의 리스크와 기회를 식별하고 경영과 투자의 의사결정에 이를 반영할 수 있도록 하는 것으로, 국내외 기업들도 지속가능경영보고서 출간을 통해 이에 동참해 나가고 있다. 우리나라도 금융위원회, 금융감독위원회, 환경부 등 88개 기관이 TCFD 권고안에 동참하며 빠르게 적용해 나가고 있다.[51]

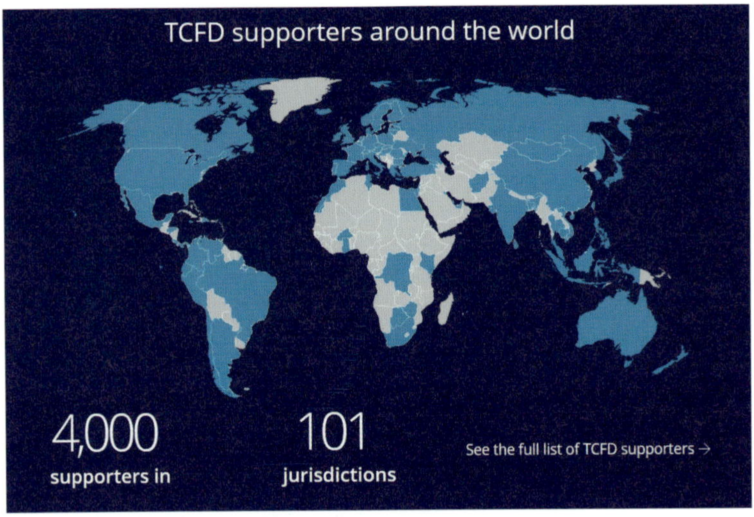

그림 1.10 TCFD 권고안 지지 현황(2022년 12월 기준)[52]
출처: TCFD, https://www.fsb-tcfd.org

ESG 정보 공시의 제도화·법제화 흐름은 기업의 투명성을 요구하는 글로벌 경영 트렌드의 구체적인 반영이다. 기업윤리는 투명성에서 시작된다. 이제 자발적 영역에 존재했던 비재무정보 공시, 즉 ESG 정보 공시도 투명성을 확보하고자 하는 사회적 요구를 통해 본격적으로 법제화된다. ESG 공시 등 사회적 책임에 관한 기본 법률과 제도가 바탕이 되어 있을 때 비로소 윤리경영이 한 단계 더 높은 수준으로 발전할 수 있다는 사실을 인정한 것이다.[53]

참고문헌

1) BlackRock 홈페이지. https://www.blackrock.com/corporate/investor-relations/larry-fink-ceo-letter

2) 산업통상자원부. (2021, 12). K-ESG 가이드라인 v1.0.

3) 지속가능발전 기본법 제1장 제2조 2항. 법률 제18708호, 2022, 1. 4. 제정.

4) Carroll, A. B. (1991). The pyramid of corporate social responsibility: Toward the moral management of organizational stakeholders. Business Horizons, 34(4), 39-48.

5) UNEP 홈페이지. https://www.unep.org/

6) 노르웨이 수상 브룬트란트(Brundtland, G. H.)가 주도하여 제출한 보고서로 지속가능발전이라는 개념이 처음 정의되었음.

7) KOICA. (2021, 12). ESG와 유엔 지속가능발전목표: 지속가능한 미래를 향하여. Policy Briefing, Issue 4.

8) GRI 홈페이지. https://www.globalreporting.org/standards/

9) Exxon Valdez oil spill. (n.d.). Wikipedia. https://en.wikipedia.org/wiki/Exxon_Valdez_oil_spill

10) UN 글로벌 콤팩트 홈페이지. https://www.unglobalcompact.org/

11) UN 글로벌 콤팩트 10대 원칙. https://www.unglobalcompact.org/what-is-gc/mission/principles

12) UN PRI 6대 원칙. https://www.unpri.org/about-us/what-are-the-principles-for-responsible-investment

13) ISO 홈페이지. https://www.iso.org/home.html

14) UN 지속가능발전목표 홈페이지. https://sdgs.un.org/goals

15) KOICA. (2021, 12). ESG와 유엔 지속가능발전목표: 지속가능한 미래를 향하여. Policy Briefing, Issue 4.

16) UN 지속가능발전목표 홈페이지. (n.d.). https://sdgs.un.org/goals

17) 효성 FMS. (2021, 7. 28). ESG 뜻은? 지속가능경영을 위한 ESG 경영. http://www.hyosungfms.com

18) Sisodia, R., Wolfe, D., & Sheth, J. N. (2003). Firms of endearment - How world-class companies profit from passion and purpose. New York: Person Prentice Hall.

19) 2050 탄소중립. (2021, 11. 8). 대한민국 정책브리핑. https://www.korea.kr/special/

20) 한국기업지배구조원. (2020, 2. 20). 업종별 기후변화 평가결과. ESG Focus. http://www.cgs.or.kr
21) 2022년에 '한국ESG기준원'으로 사명 변경.
22) 한국기업지배구조원. (2020, 2. 20). 업종별 기후변화 평가결과. ESG Focus. http://www.cgs.or.kr
23) 유진투자증권. (2022). 의식주에 투자하는 ESG.
24) 유진투자증권. (2022). 의식주에 투자하는 ESG.
25) 최성철. (2021, 4. 2). ESG, 포스트코로나 시대의 지속가능경영 전략. SAMSUNG SDS 인사이트리포트.
26) Deloitte. (2021). 기업들의 ESG 경영 도입 가속화. Deloitte Insight, 7 Mega trends. No. 17.
27) 조원태, 임지아. (2021, 7. 22). 플라스틱 폐기물 이슈, 행동하는 기업들. 엘지경제연구원 보고서.
28) Deloitte. (2021). 기업들의 ESG 경영 도입 가속화. Deloitte Insight, 7 Mega trends. No. 17.
29) Deloitte. (2021). 기업들의 ESG 경영 도입 가속화. Deloitte Insight, 7 Mega trends. No. 17.
30) 유진투자증권. (2022). 의식주에 투자하는 ESG.
31) 유진투자증권. (2022). 의식주에 투자하는 ESG.
32) 유진투자증권. (2022). 의식주에 투자하는 ESG.
33) 구찌 홈페이지. https://www.gucci.com
34) Gucci. (n.d.). 로블록스에서 만나는 VR 구찌 가든. https://www.gucci.com
35) 유동길. (2022, 6. 21). 버버리X블랭코스, 블록 파티 NFT 컬렉션 출시. 경향게임즈.
36) 황순민. (2022, 4. 20). "메타버스·NFT로 패션도 새로운 차원 진화". 매일경제. https://www.mk.co.kr/
37) 허태욱. (2021, 9. 27). 디지털과 그린의 공존: 지속가능발전을 향하여. IFS POST. 국가미래연구원.
38) 문성후. (2021). 부를 부르는 ESG. 플랜비디자인.
39) 윤정훈. (2020, 2. 21). [굿바이 주주자본주의] ① "이해관계자 자본주의는 선택이 아닌 의무". 아주경제.
40) 윤정훈. (2020, 2. 21). [굿바이 주주자본주의] ① "이해관계자 자본주의는 선택이 아닌 의무". 아주경제.
41) 조해진. (2018, 11 .16). 기업책임경영 이행 요구강화, OECD 실사지침 이행 역량 필요. 산업일보. http://www.kidd.co.kr/news/pdf_dn.php?idx=205754

42) EU '공급망 실사법' 공식화...2024년 발효[ESG리뷰]. 매거진 한경. https://magazine.hankyung.com/business/article/202202233352b

43) 황국상. (2022, 6. 13). "ESG는 대기업만의 전유물? 더 이상은 아니다". 머니투데이. https://n.news.naver.com/mnews/article/008/0004757393

44) IPCC(Intergovernmental Panel on Climate Change): 기후변화의 과학적 규명을 위해 세계기상기구(WMO)와 유엔환경계획(UNEP)이 공동으로 설립(1988년)한 국제협의체

45) RE100 홈페이지. (n.d.). https://www.there100.org

46) 한국RE100협의체. (n.d.). RE100정보플랫폼. https://www.k-re100.or.kr/

47) 국가과학기술인력개발원(2021). ESG시대를 준비하는 HRD의 과제, 5.

48) 한국석유공사. (2022, 1. 21). 환경규제의 압박, 그리고 글로벌 에너지 업계의 대응. GS칼텍스 미디어 허브. https://gscaltexmediahub.com/energy/cloumn-environmental-regulation-energy-response/

49) 관계부처합동. (2020, 12. 7). 2050 탄소중립 추진전략. 정부 보도자료.

50) TCFD 홈페이지. https://www.fsb-tcfd.org/

51) ESG 관통하는 언어, TCFD 보고서. (2022, 4. 12). ESG is. https://story.s-oil.com/2022/04/12/

52) TCFD 홈페이지. https://www.fsb-tcfd.org/

53) 기업윤리 브리프스. (2019, 5). 국민권익위원회.

Chapter 2
ESG Management Components
for the Textile·Fashion Corporations

섬유 · 패션기업의 ESG 경영 요소

Chapter 2
ESG Management Components for the Textile · Fashion Corporations

섬유·패션산업은 소비자에게 직접적인 영향을 주는 산업이면서 국가 간 무역거래가 활발한 산업으로 국내외 사회환경 변화의 영향을 크게 받는다. 2020년대 이후 코로나 팬데믹 시대를 지내면서 산업 전반에 걸쳐 디지털화가 가속되었고, 소비자들은 소셜네트워크 서비스와 1인 미디어를 통해 세계 산업과 시장의 방향설정에 적극적인 의견을 표방하게 되었다. 산업주도적인 환경에서 철저히 소비자 주도적인 비즈니스 환경으로 변화되고 있다. 소비자들은 자신이 소비하는 제품의 원재료 수급, 생산, 유통의 모든 과정에서 기업들이 올바른 윤리기준을 가지고 사회전체의 이익을 고려하면서 비즈니스를 수행하고 있는지 모니터링하고 있다. 이전에는 구매 후의 단계들은 소비자 개인 차원의 문제로만 여겨졌으나 이제는 제품 구매 후에 일어나는 사용, 폐기, 회수, 재활용에 이르기까지 기업들이 나서서 사회전체를 위한 선순환구조를 구축해 줄 것을 기대한다. 기업에 요구하는 사회적 책임 수준은 지속적으로 높아지고, 이에 선도적이며 혁신적으로 반응하는 기업은 소비자들의 전폭적인 지지를 얻는다. 원자재가격 상승과 글로벌 경쟁 심화의 이중고 속에서 고군분투하는 섬유·패션기업들에게 경영실적향상과 투자유치를 위한 ESG 경영은 이제 피할 수 없는 과제가 되었다.

이러한 섬유·패션산업의 변화 움직임 속에 어떠한 ESG 영향 요소가 있으며, 어떤 비즈니스 윤리를 구현하고 있는지에 대해 논하고자 한다. 〈1. 섬유·패션산업의 변화와 트렌드〉에서는 섬유·패션산업의 지속가능경영, 스트림별 ESG 영향 요소, 섬유·패션산업의 변화상에 대하여 알아보고, 〈2. 패션산업의 비즈니스 윤리〉에서는 패션산업의 스트림별로 고려해야 할 비즈니스 윤리요소를 제시하며 최근의 ESG 경영 이슈들을 결합하여 패션기업의 업무 프로세스별 ESG 경영 영역을 제시한다.

1. 섬유·패션산업의 변화와 트렌드

1) 섬유 · 패션산업의 지속가능경영

최근 여러 산업 분야에서 윤리 문제에 대한 관심이 증대되면서 섬유·패션산업은 공해유발 산업이며 비윤리적인 산업이라는 비판이 증가되어 왔다. 의류에서 검출된 발암물질 및 의류 원자재 가공 공장에서 배출된 난분해성 유해물질 등의 사례가 빈번히 보도되면서[1], 섬유·패션산업에서의 윤리적 쟁점이 공론화되는 경우가 많아졌다. 섬유·패션산업에서의 비즈니스 윤리는 환경에 미치는 영향을 최소화하면서 사회관계에 주는 혜택은 최대화하려는 것으로, 그 영역은 원부자재 소싱, 제품 디자인 및 생산, 유통, 소비, 폐기 후에 이르기까지 모든 과정에서의 비즈니스 활동을 포함한다고 할 수 있다.[2]

한편 패션기업의 사회적 책임에 대한 중요성을 일깨워 준 사건으로 비용절감을 위해 노후된 시설을 사용하다가 발생한 방글라데시와 캄보디아의 의류공장 붕괴사고와 이로 인한 수많은 인명피해를 들 수 있다. 사고의 원인으로 패스트패션fast fashion의 과도한 납기압박으로 인해 노동자들이 적시에 대피하지 못한 이유도 있는 것으로 밝혀졌다. 이 사건을 통하여 소비자들은 윤리가 무시된 비즈니스 실행이 얼마나 큰 비극을 초래할 수 있는지를 명백히 확인하게 되었나. 이와 함께 SPAspecialty store retailer of private label apparel 브랜드 하청공장의 하루 11시간 이상의 노동행태, 한 달 중 25일의 노동착취의 관행 등이 알려지면서 섬유·패션산업은 더욱 심각한 윤리적 문제를 내포한 산업으로 인식되었다. 2000년대 들어 국제 노동기구와 시민단체에 의해 공개된 저임금 노동착취와 환경 피해관련 기업보고서를 통해 몇몇 패션 브랜드들의 비윤리적 비즈니스 실행사례가 낱낱이 폭로되었다. 이로 인해 해당 브랜드들은 소비자 외면에 의한 매출 감소와 부정적 기업 이미지 확대의 여파를 겪어야 했다.[3] 반대로 지속가능성 추구에 앞장서는 기업의 소비자 호감도는 높아지면서, 기업 스스로 비즈니스 윤리체제를 확립하고 지속가능성을 추구하려는 움직임이 커져 가고 있다.

섬유·패션기업들은 실추된 이미지를 회복하고 고객의 신뢰를 되돌리기 위해 비즈니스 윤리 기준을 재정립하고 이를 따르고자 노력하기 시작했다. 그 예로 영국의 '윤리적 패션 포럼'과 한국의 '윤리적 패션 네트워크Korea Ethical Fashion Network: KEFN' 등의 단체에서 섬유·패션기업들을 위한 윤리적 표준을 설정하고, 이에 대한 인증제도를 마련하기 위한 활동들을 하기 시작했다. 캐나다 밴쿠버의 '에코 패션 위크Eco Fashion Week: EFW'에는 전 세계 150명의 패션디자이너들이 활동하면서 환경보호, 윤리적 근무조건, 윤리적 공급망 관리 및 윤리 소비에 대한 다양한 주제하에 파트너십을 구축하고 윤리적 섬유·패션산업의 체제 확립을 위한 실천법들을 제시하고 있다.[4]

개별 기업들 또한 윤리적 활동에 관심을 두고 노력하는 사례가 늘어나고 있다. 그 예로 나이키에서는 'Lace Up Save Lives 캠페인'이라는 에이즈 퇴치운동을 통해 빨간색 축구화 끈 구입 시 구입액이 모두 기부되는 활동을 진행한 바 있으며, 영국 SPA 브랜드인 막스앤스펜서Marks & Spencer는 100가지 환경서약을 내걸고 기후변화climate change, 제로웨이스트zero waste, 지속가능한 원재료sustainable raw materials 사용, 공정 파트너십

fair partnership 추구, 건강health 추구의 5가지 주제를 중심으로 전 세계 220여 개 매장에서 '더 이상의 플랜비Plan B는 없다There is no plan B'라는 슬로건을 내세운 '플랜에이Plan A' 캠페인을 진행하였다.[5] 이러한 다양한 시도는 일부 선도기업을 중심으로 이루어져 왔으며, 중소기업의 참여는 여전히 부족한 실정이다. 영국 내 161개 패션기업을 대상으로 조사한 결과에 따르면[6] 노후된 근무환경, 이해관계 관련 뇌물·부패, 최저임금 보장 회피, 과도한 근무시간, 아동노동 인력사용 등의 비윤리적 사례가 여전히 발생하고 있으며, 패션기업의 비즈니스 윤리실행 수준은 기업별 편차가 크다고 보고하였다. 따라서 섬유·패션산업의 윤리는 생산과정에서 오는 환경오염, 재고, 폐기물로 인한 환경파괴 문제뿐만 아니라 더 폭넓은 기업의 사회책임적 문제를 포함하며, 이는 기업의 지속가능 성장을 위한 중요한 비즈니스 실행 기준으로 여겨져야 한다.[7]

리바이스Levi's도 지구의 날Earth Day을 기념하여 '더 좋은 것을 사고, 더 오래 입자Buy Better, Wear Longer'라는 캠페인을 선보이며 환경문제에 관심을 가지고 문제해결에 앞장서는 브랜드라는 인식을 심어주기 위해 노력하고 있다. 국제환경보호단체 그린피스에 따르면 청바지 한 벌을 만드는 데 쓰이는 물의 양은 7천~1만 리터, 이산화탄소 발생량은 32.5 kg에 달한다는 조사결과를 발표하며 패션산업이 환경훼손 산업임을 강조했다. 이에 리바이스는 이러한 비판을 직시하고 사회적 책임 활동에 앞장서고자 워터리스 공정을 제품 생산에 적용하여 42억 리터의 물을 절약하고 96리터의 물을 재사용했다고 보고했다. 또한 코튼 대신 헴프hemp를 활용해 원단을 제작하고 폐플라스틱을 재활용한 소재로 만든 리사이클링 데님팬츠를 출시하였다.[8] 유니클로도 '블루 사이클 데

그림 2.1 리바이스의 리사이클 데님 광고[9]
출처: 리바이스, https://www.levistrauss.com

님 테크놀로지'라는 친환경 공법을 이용하여 제작한 청바지를 출시하였는데, 나노 버블 세정과 물을 사용하지 않는 오존가스 세정기술을 조합하여 물 사용량을 99% 절감했으며 향후 모든 청바지를 친환경 워싱으로 제작하겠다고 선언했다.[10]

2) 스트림별 ESG 영향 요소

(1) 원부자재: 화학원료 사용, 동물학대

섬유제품은 글로벌 탄소중립 정책에 큰 영향을 받는다. 화학 섬유제품에서 나오는 미세플라스틱은 표면적을 바탕으로 해수에 있는 잔류성 유기오염물질을 100배 이상 높은 농도로 축적하므로, 생물에 대한 유해성이 심각한 수준이다. 이는 제조과정에서 행해지는 합성섬유의 세탁으로 인한 것으로 평균 세척 부하가 6 kg일 때 1회 세탁 시 70만 개 이상의 미세섬유가 방출되는데, 이는 해양 미세플라스틱 원인의 35% 이상을 차지한다고 세계자연보전연맹International Union for Conservation for Nature and Natural Resources: IUCN이 밝혔다. 의류에서 발생하는 미세플라스틱을 줄이기 위해서는 생산, 소비, 사용 등 전 생애주기에 대한 관리가 함께 이루어져야 한다.

동물성 소재를 얻는 과정에서 발생하는 동물학대 논란은 패션업계가 직면한 또 다른 문제이다. 털과 가죽 등 동물유래 소재들은 대체로 보온성, 텍스처, 내구성 등이 우수하여 의복의 디자인과 기능적인 면에서 유용하다. 그러나 동물성 소재로 만든 상품의 가치를 높이기 위한 채취방법을 적용하다 보니 소재를 얻는 과정에서 동물에게 미치는 잔혹함은 충분히 고려되지 않았다.

일례로 앙고라에 사용되는 토끼는 모피산업을 위해 라이브플로킹(마취 없이 털을 뽑는 과정)을 당하고 토끼가 도살될 때까지 이 과정이 반복된다. 다운down이나 구스다운goose down 역시 마찬가지이다. 다운은 새들의 가슴 부위 피부와 가장 가까이에 있는 부드러운 솜털로 만들어진다. 구스다운 패딩의 경우, 거위 한 마리당 솜털이 약 60 g 정도인 점을 감안할 때 패딩 하나를 만들기 위해 15~20마리의 거위가 희생된다. 의류 생산을 위해 키운 거위는 생후 10주부터 시작해 6주 간격으로 털을 뽑는다. 이 과정에서 상처가 나면 실과 바늘로 살을 꿰매고, 최대 15번까지 털을 뽑다가 도살한다. 이러한 비인도적인 과정은 털을 뽑는 과정뿐 아니라 야생동물의 포획 및 축산에도 나타난다. 이러한 문제들이 알려지면서 패션산업에서의 동물성 소재 사용이 비윤리적 행위라는 비판은 피해갈 수 없게 되었다.[11]

(2) 염색: 물 사용, 폐수

여러 산업 중 섬유·패션산업은 물 사용량이 농업 다음으로 가장 많다. 섬유가공과 염색 단계에서 많은 양의 물이 사용되며, 섬유·패션산업에서 발생된 폐수는 전 세계 폐수의 20%를 차지한다. 청바지 한 벌을 만드는 데 보통 7톤의 물이 사용되는데, 이는 4인 가족이 5~6일 동안 쓸 수 있는 물의 양이다. 특히 섬유 염색 공정은 많은 용수가 사용되는데, 섬유 1 kg을 염색하는 데 평균 100~150리터의 물이 필요하다.[12] 섬유 생산을 제외한 나머지 공정 중 염색과 후가공 과정에서 전체 물 사용량의 80%가 소모된다. 업계에서는 친환경 섬유 염색기법을 통해 물 사용 절감을 위해 노력하고 있다.

섬유산업은 산, 알칼리, 염료, 과산화수소, 녹말, 계면활성제, 분산제와 같은 화학물질을 사용하기 때문에 배출폐수의 오염도가 심하다. 세계은행 통계에 따르면 섬유 염색 및 가공처리과정에서 산업폐수의 17~20%가 생성된다.[13] 폐수 속의 염료는 해양식물의 광합성 작용을 방해하므로 해양생태계에 치명적일 수 있다. 섬유폐수는 높은 생물학적·화학적 산소요구량과 염분(총 용존 고형물) 부하를 지니며, 반응성 염료의 존재 때문에 심하게 오염되어 있다. 이러한 폐수오염 위험을 줄이기 위해서는 염색과정에서 오염을 줄이는 노력과 폐수전처리를 위한 시설 및 자원 투자, 그리고 지속적인 모니터링이 필요하다.[14]

(3) 디자인: 복제

디자인 단계에서 복제 관련 문제들은 섬유·패션업계의 고질적인 문제로 인식되어 왔다. 협력사에서 먼저 디자인 복제를 제안하는 경우도 있으며, 프로모션 회사에서 경쟁사와 거래된 디자인을 복제하여 제시하는 경우도 있고, 선도 회사로부터 받은 샘플의 디자인 복제도 자체적으로 진행하는 업체도 있는 것으로 알려져 있다. 디자인 복제로 인한 피해사례도 여러 양상으로 나타나는데, 회사에 소속된 직원이 작업지시서를 고의적으로 유출하는 사례, 협력업체에서 바이어로부디 받은 패턴을 다른 업체에 재사용하여 유출하는 사례, 의류생산 파트너사에서 고의적으로 발주한 수량보다 더 많이 생산하여 다른 채널을 통하여 판매하는 사례 등 디자인 복제에 대한 피해사례는 무수하다. 디자인은 지적재산에 해당하는 것이므로 이의 개발과 활용에는 윤리적 기준이 적용되어야 한다. 그러나 패션산업 내에서 복제에 대한 개념이 부족하고 실시간 디자인 검색이 가능한 환경에서 디자인 복제는 자주 발생하는 문제이다.

(4) 생산: 노동집약적 비즈니스, 저임금 노동착취

패션산업은 대표적인 노동집약적 산업이며, 패션상품의 구조상 제품 생산의 전 자동화가 불가능하므로 패션상품의 원가에는 노동비가 차지하는 비중이 크다. 1980년대 초반부터 미국을 비롯한 선진국의 의류업체들은 원가를 절감하기 위해 생산시설을 환경과 노동조건에 규제가 덜한 제3국으로 이동하였으며,[15] 이로 인해 각 공장의 상황을 감시하기가 어렵고 복잡해졌다.

모든 브랜드 의류의 제작 이면에는 복잡한 구매 결정이 자리하고 있다. 그러한 결정 하나하나가 노동자들의 처우에 영향을 끼칠 수 있다. 의류 브랜드사들은 이윤을 높이기 위해 공장에 과도한 공급가 할인 요구를 하게 되고, 공장 운영자들은 비용절감을 위해 노동착취가 만연한 업체와 불법적인 하청계약을 맺는 경우도 상당히 많다. 노동착취를 일삼는 공장에서는 임금을 착취하고, 충분한 휴식시간을 허용하지 않으며, 노동자들에게 작업 속도를 높이도록 요구하고, 위험하고 유해한 작업 환경을 방치하는 일이 발생한다. 이러한 저임금 노동착취 공장인 스웨트샵sweatshop의 노동실태 현장은 브랜드사들이 투명성 결여로 인해 자체적으로 찾아내지 못하는 사이에 모니터링 그룹들이 찾아내기도 한다. 하지만 몇몇 브랜드사들은 공장의 위치나 작업환경, 가격책정 관행 등에 대한 자세한 정보를 요구하지 않은 채 에이전트를 통해 생산공장을 섭외함으로써 모니터링 그룹들도 이를 적발하기가 어려운 경우가 많다.

최근 중국 신장 위구르에서 강제노동에 의해 생산되는 상품(면화, 원사, 미가공 원단)의 미국 내 수입을 금지하는 '위구르 강제노동 방지법The Uyghur Forced Labor Prevention Act: UFLPA'이 시행되었다.[16] 중국 위구르에서 유래된 소재가 조금이라도 사용된 제품은 모두 강제노동으로 생산된 것으로 전제하는 '일응 추정Rebuttable Presumption · 반박해 증명하지 않으면 사실로 전제' 원칙을 적용해 같은 지역에서 생산되는 모든 제품의 미국 반입을 금지하는 것이다. 이로써 생산과정에서의 노동관행에 대한 전면적 규제가 시작되었다고 볼 수 있다.

(5) 폐기: 의류폐기물, 효용가치제품 폐기율

다양한 소재가 혼합되는 재질 특성상 의류 폐기물은 소각 및 매립의 과정에서 환경오염을 발생시키고 있으며, 매일 버려지는 의류폐기물의 양도 상당해 사회적으로 큰 문제가 되고 있다. 전 세계적으로는 매년 직물 9,200만 톤이 폐기물로 나오고 있는데, 이는 1초당 쓰레기 트럭 한 대 분량의 옷이 버려지는 셈인 것이다. 이 추세로 가면 2030년쯤에는 버려지는 직물의 총량이 연간 1억 3,400만 톤을 넘어설 것으로 추정된다.

트렌드에 민감한 패션업계는 재고관리 문제로 보관비 등 관리비용 부담이 증가해 재정적으로 몸살을 앓고 있으며, 의류를 폐기하는 과정에서 추가적인 환경오염이 유발된다. 전 세계적으로 매년 막대한 양의 의류폐기물이 쏟아지고 있지만, 이 중 재활용되는 비율은 단 12%에 그치고 있다. 이유는 대부분의 의류가 석유에서 추출한 플라스틱 성분의 합성섬유로 제작되는 탓이다. 패션업계에서 사용되는 섬유 가운데 합성섬유 비중이 69%에 달하며 의류폐기물의 70% 이상이 합성섬유이다. 합성섬유로 제작된 의류들은 원재료를 분리할 방법이 없기 때문에 재활용되지 않고 대부분 매립되거나 소각되는데, 매립지에 묻힌 옷들은 이산화탄소와 메탄 등 유독가스를 배출한다. 또 옷을 소각처리하면 대부분 합성섬유이기 때문에 온실가스를 배출하여 지구온난화를 가속화시킨다. 직물 생산과정에서 발생하는 온실가스는 매년 12억 톤에 이르는데, 소각할 때 발생하는 온실가스까지 합치면 의류에서 발생하는 온실가스 배출량은 전 세계 탄소배출량의 10%에 달한다.[17]

2000년대 이후 H&M, 자라 등 패스트패션 브랜드가 성장하면서 세계 의류생산량은 두 배 더 늘었다. 사람들은 15년 전보다 옷을 60% 더 소비하고 있으며, 옷의 수명주기가 더욱 짧아지고 있다. 패스트패션은 서너 번 입고 유행이 지나면 버려도 부담 없는 가격이어서 옷의 과소비를 부추긴다는 비난을 받고 있다. 결국 옷장에서 퇴출당한 옷들은 의류수거함이나 종량제봉투에 담겨 쓰레기로 배출된다. 의류수거함에 버려진 옷들은 수거업자를 통해 재판매되거나 제3국으로 수출되지만 상당량은 다시 쓰레기로 버려진다. 찢어지거나 오물이 묻어 있으면 상품가치가 없기 때문이다.

현재 우리나라는 일반가정이나 수거업체를 통해 버려지는 의류폐기물의 양이 얼마인지 정확히 파악조차 못하고 있다. 수거업자를 통해 재활용되는 비율도 집계되지 않고 있다. 의류폐기물 통계에는 재활용업체가 처리하는 폐기물 양만 집계되는 것이며, 수거한 의류를 어떻게 처리하는지에 대해서는 구체적 상황조차 알기 어렵다.

3) 섬유 · 패션산업의 변화

(1) 글로벌소싱의 변화

섬유·패션산업은 원부자재를 해외에서 수급하는 글로벌소싱global sourcing과 패션 완제품 수출입 무역이 활발한 분야이다. 글로벌 벤더vendor 등 수출업체들은 독자적인 디자인과 기술력을 바탕으로 제품을 제안하고 제품생산의 주도권을 갖는 제조자개발생산인 ODMOriginal Development Manufacturing 방식을 중심으로 운영된다. 이들은 경쟁업체들과의 차별화를 꾀하면서 글로벌 패션브랜드나 글로벌 소매유통체인의 주요 협력업체로서 자리하고 있다.

2020년 이후 코로나 팬데믹 사태는 섬유·패션산업의 글로벌소싱 및 생산 운영에 큰 충격을 안겨 주었다. 코로나19 여파로 수요 중심의 공급망 모델 구축과 지속가능한 소싱으로의 전환이 가속화되었다. 생산에 있어 민첩성과 위험 감소에 대한 요구는 근거리 및 지역 공급망 개발을 재촉진시키고 있다. 패션산업의 이해관계자 대다수는 향후 공급업체와의 긴밀한 파트너십이 더욱 중요해지고, 지속가능한 소재 사용이 주류를 이룰 것이라고 전망한다.[18]

(2) 소비자 특성의 변화

최근 MZ세대를 중심으로 가치소비의 바람이 불고 있다. 이들은 자신의 신념과 가치관을 표현할 수 있는 제품을 구매하고, 자신의 SNS를 통해 사회 문제를 환기하는 챌린지에도 적극적으로 참여한다. 사회적 기업의 제품을 구매하는 것도 MZ세대의 대표적인 소비 행태로 자신의 소비를 통해 누군가를 돕는 데 의미를 둔다. 글로벌 정보분석 기업인 닐슨 보고서에 따르면 밀레니얼 세대의 73%는 지속가능 제품을 위해 더 큰 비용을 지불할 의향이 있다고 한다. 소재의 낭비를 최소화한 디자인의 제로웨이스트 제품과 친환경 소재를 활용한 제품에 대한 소비자들의 관심이 높아지고 있다.

MZ세대는 소비를 통해 자신의 신념을 드러내는 이른바 '미닝아웃'meaning + coming out을 중시한다. 이들은 옷이나 신발 등 내가 구매하는 물건 하나하나가 나의 평소 철학을 대변하는 것이라 생각한다. 기왕이면 플라스틱컵 대신 텀블러를, 비닐봉투 대신 에코백을 선호하는데, 좀 더 비싸더라도 친환경 가치를 담은 브랜드를 이용하겠다는 것이다. 패션업계도 유행을 선도하는 MZ세대의 트렌드에 맞추어 가치나 철학을 담은 제품을 늘리고 있다. 애초부터 친환경이나 리사이클링 소재를 사용하고, 제조과정에서 이산화탄소 배출을 최소화하는 방식으로 제품을 생산한다. 이 같은 추세는 '친환경', '사회적 책임', '지배구조개선'을 강조하는 ESG 경영 추구와 맞물려 더욱 확대되고 있다. 리사이클링 소재나 친환경 소재를 활용하는 것에서 한걸음 더 나아가 큰 관점에서의 '지속가능성'을 바라보고 있는 것이다.[19]

(3) 울트라패스트패션과 반응생산 시스템

EDIelectronic data interchange나 POSpoint-of-sale system 같은 테크놀로지를 이용하여 매장에서 보낸 정보를 실시간으로 빠르게 파악해 생산에 반영함으로써 리드타임을 줄이고 불량재고와 사전 기획의 실패율을 낮추는 생산 시스템을 말한다. 섬유·패션 분야에서 반응생산quick response: QR 시스템은 7~10일 내 생산을 가능하게 하고 상품을 납품하기까지 2주 정도 소요된다. 반응생산 시스템을 도입하면 재고가 감소하고 판매율이 높아지는 효과가 있다. 반응생산은 제품 첫 출고 시 최소 물량만을 생산하고 소비자 반응에 따라 공급을 늘려가는 시스템으로, 정확한 수요 예측이 힘들고 재고관리가 관건인 의류업계에서 수익성 제고를 위해 필수적인 생산방식으로 자리잡고 있다.

최근 이랜드는 2일 생산 시스템인 스피드오피스 체제를 구축했다. 2일 생산은 하나의 상품을 발주·생산·매장 입고까지 전 과정을 48시간 안에 완료하는 생산 방식이다. 한 상품당 30장에서 최대 100장 정도 소량으로 생산한 뒤 우선 플래그십 매장에서 고객 반응을 빠르게 확인한다. 매장에서 고객들의 구매 패턴 등을 분석해 시즌 중 물량이 어느 정도 판매될지 예측하고 생산 계획을 세워 본격적인 제품 생산에 나서는 방식이다. 2일 생산은 무재고 비즈니스와 관련 높다. 이랜드는 2일 생산을 통해 원하는 상품을 빠르게 제공하면서도 고객 수요를 정확히 예측하여 꼭 필요한 만큼만 옷을 생산해 버려지는 상품을 최소화할 수 있었다. 이랜드는 지난해부터 무재고 비즈니스 경영을 화두로 삼고 경영 의사결정에 반영하고 있다. 국내에선 2일, 해외에선 5일만에 발주부터 매장 입고까지 진행될 수 있도록 생산 시스템을 설계하여 고객이 원하는 옷을 딱 필요한 수량만큼만 생산하여 폐기를 최소화하는 것이 목표이다.[20]

(4) 디지털커머스의 성장

지금 섬유·패션산업계에는 전통적인 강자들의 시장 지배력이 낮아지고 있고, 새로운 강자인 디지털 플랫폼 비즈니스 사업이 성장하고 있다. 이들은 소비자에게 일방적으로 제품을 전달하는 전통적인 시장구조인 파이프라인 비즈니스가 아닌, 생산자와 소비자가 서로 가치를 주고받는 쌍방향 시장구조의 플랫폼 비즈니스를 구축하는 것이 특징이다. 기존에는 전 세계 4대 패션위크를 기점으로 한 패션 B2B 시장이 형성되어 있었고, 국내 B2B 시장은 오프라인 기반의 백화점 브랜드와 온라인 기반의 디자이너 및 인디브랜드 시장으로 크게 나뉘어져 있었다. 하지만 코로나 이후 패션쇼와 전시회가 잇달아 취소되면서 영상이나 에디토리얼 등 기존과 다른 디지털 콘텐츠를 제작하여 노출시킴으로써 비즈니스의 패러다임을 변화시키고 있다.

온라인, 모바일, 메타버스까지 새로운 테크놀로지 적용이 빨라지면서 트렌드 변화에 민감한 섬유·패션산업은 디지털 전환을 통해 새로운 성장을 눈앞에 두고 있다. 디지털 패션이 대두되면서 제품 생산에 순서가 바뀌고 있는 것이다. 디지털 패션을 통해서 디자인을 파는 시대가 오고 그 디자인을 구매한 소비자들이 실물을 필요로 하는 경우에는 실제품 생산으로 이어질 수 있다. 이는 본격적인 제품 생산 전에 디자인이 먼저 팔리고 정확한 수요 예측을 통해 실물 제품을 생산하는 시대로 흘러가고 있다는 것을 의미한다. 대부분의 패션기업들은 바이어 대상으로 제품 품평회를 하는데, 미디어의 디지털화가 진행되면서 품평의 주체가 바이어에서 소비자로 넘어가는 양상이 늘고 있다.

2. 패션산업의 비즈니스 윤리

1) 패션산업의 업무 프로세스별 비즈니스 윤리 실행 사례

비즈니스 윤리는 기업이 존속·발전하기 위하여 마땅히 행하거나 준수해야 할 도리와 규범으로서 공정하게 경영활동을 수행하는 기준을 말한다.[21] 패션산업에서의 비즈니스 윤리는 환경에 미치는 부정적 영향을 최소화하는 목표를 가진다. 따라서 환경을 해하지 않는 원부자재를 사용하여 의복을 디자인·생산하고, 노동자를 보호하는 환경 속에서 이들을 위한 지속가능한 생계수단을 만들어 내며, 환경문제를 최소화하는 데 적극적 역할을 해야 한다.[22] 본 절에서는 김수경의 〈패션기업의 지속성장을 위한 비즈니스 윤리교육 프로그램 개발과 적용〉에 관한 연구[23]와 김수경, 여은아의 연구[24]를 재인용하여 제시함으로써 패션산업의 비즈니스 윤리 기준을 명확히 하고자 한다.

패션산업에서의 비즈니스 윤리는 시대에 따라 그 개념이 변화·확장되어 왔다. 2000년대 이전의 윤리는 천연 소재 및 재활용 소재를 사용하는 등 재료 사용의 윤리성에 집중된 개념이었다. 그 이후에는 인류 건강과 환경보호의 범위까지 그 영역이 확장되면서 제품의 생산·유통·폐기의 전 과정에서 유해요소 발생을 줄이기 위해 기울이는 노력을 의미한다. 최근에는 사회적 이해관계가 확장되면서 공급망에서의 공정거래 및 작업환경 개선, 인권보장 등의 사회윤리적 문제까지 포함하는 개념으로 인식되고 있다.[25]

최근 윤리적 문제에 대한 관심이 증대되면서 패션산업은 공해유발

산업이며 비윤리적인 산업이라는 비판이 늘어나고, 패션산업에서의 윤리적 쟁점이 공론화되기 시작했다. 비즈니스 윤리는 대기업만의 문제가 아니며 다양한 규모의 기업들이 함께 추구해야 할 올바른 방향이다. 본 절에서는 패션산업의 10개 중소기업 대표들을 대상으로 업무 프로세스별 윤리적 사례에 어떤 것이 있는지에 대해 심층면접을 실시한 결과를 제시한다. 다음과 같이 원부자재 제조·수급, 디자인, 유통·물류, 경영·마케팅, 노무의 다섯 단계별로 경험했던 윤리적 사례에 대한 답변이 있었으며, 이를 토대로 패션기업의 비즈니스 윤리영역을 도출할 수 있었다.

(1) 원부자재 제조 · 수급

원부자재의 선택에 있어서는 화학재료를 사용하지 않는 친인체성 소재를 활용한다는 답변이 가장 많았고 이와 관련하여 염료에 대해서도 유해물질을 사용하지 않는 공정이 적용된다고 답하였다. 2018년부터 국내에서 시행된 의류의 KC Korea Certification 인증제도를 고려하거나, 해외 선진국의 친환경 규제에 대응하기 위해 환경친화적 원료 선택을 중요하게 생각하는 것으로 나타났다. 또한 기후변화에 대응할 수 있는 의류의 개발이나 지속가능한 제품 개발을 위한 기술력 강화에 대해서도 고려하고 있다고 답하였다. 특히, 에너지 절감을 위한 냉감, 온감, 발열 등의 기술을 적용한 의류설계방법을 연구하거나 기후환경변화에 따른 쾌적성을 고려해 미세먼지 침투방지, 항균·항취 등의 세균 방지, 흡한 속건, 자외선 차단 등의 기술 적용과 더불어 기능적 원료인 불연성 소재, 네오플렌 소재 등의 적용을 통해 기후변화대응 제품 개발에 노력하고 있다고 응답하였다. 비동물성 소재인 비건vegan 소재의 사용은 계절적 특성으로 완전한 적용은 어렵지만 동물성 소재 대신 인조가죽이나 합성피혁을 사용하려 노력한다는 응답도 있었다.

다음으로 작업공정에 있어서 안전한 생산공정을 중요시한다는 응답이 있었다. 이는 쾌적한 작업환경의 개선을 위해 청정시설이나 공기정화시설에 비용을 투자해서 생산효율성을 높이거나, 안전성을 고려한 락lock 설치, 크레인crane의 사용, 절단기의 덮개 개발 등 생산환경에서 안전시설을 보완하기 위해 노력한다는 응답이 있었다. 마지막으로 버려지는 원료나 폐기물 등을 줄이기 위해 노력한다는 응답도 있었다. 소재의 낭비를 줄이는 제로웨이스트 디자인에 대한 노력도 있었는데, 시간이 오래 걸리더라도 입체패턴을 적용해 생산한다거나 가로 폭을 사용해 그레이딩을 함으로써 원단의 손실을 줄여 폐기물을 줄이기 위해 노력한다는 응답이 있었다. 버려지는 원단이나 재고의 경우 후진국으로 수출하여 자원낭비를 줄이려 노력한다는 응답도 있었다. 다음은 주요 답변들이다.

> "S/S 시즌에는 텐셀이나 레이온 소재를 많이 사용하고 F/W에는 울 같은 천연 소재와 더불어 유해물질을 덜 사용하여 가공된 친환경 소재를 많이 사용하려고 노력한다. 염색과정에서도 염색종류에 따라 친환경적이지 못한 소재들이 많이 원단을 선별할 때 신경을 많이 써서 선택한다. 조금 불편함을 느낄 수 있는 소재, 즉 딱딱하거나 입었을 때 소비자가 불편함을 느낄 것 같은 소재는 판매가 덜 되기 때문에 특별히 선별하여 좀 더 신축성을 강화하는 가공을 선택하고 있으며 인체의 쾌적함을 위해 온도변화에 대응할 수 있는 기능성 소재의 기술적 보완에 신경쓰고 있다."(H사)

"우리는 뱀부(bamboo)사나 항균사가 적용된 제품을 사용하여 기능성을 높이면서 요즘 문제가 되고 있는 기후의 변화에도 적용할 수 있는 제품을 선택하고 있다. 발열이나 바람막이 같은 환경에 대응할 수 있는 소재의 선택도 많이 고려하고 있다. 그리고 비동물성 제품을 늘려나가 가죽을 최대한 사용하지 않고 합성피혁 소재를 적용하여 의상을 만들고 있다."(G사)

(2) 디자인

디자인 분야의 경우 복제를 막기 위한 지식재산권의 등록 부분에 대해 가장 많은 답변이 있었다. 최근 섬유·패션산업의 빠른 생산주기와 인터넷을 통한 디자인 정보 확산 등의 환경변화로 디자인이 쉽게 유출·복제되고 있기에 이에 대응하기 위한 디자인 등록과 특허 등록에 대한 필요성이 증가한다고 하였다. 또한 개발비용이 증가하더라도 디자인 회사 자체적으로 소재를 개발하여 복제율을 낮추기 위해 노력하고 있다고 답변한 응답자도 있었다.

최근 기후환경변화로 인하여 디자인에 기능성을 강화하여 상품 효율성 강화를 추구한다는 업체도 있었다. 가변형 의류 디자인 개발이나 탈부착이 가능한 디자인, 또는 리버서블reversible이 가능한 설계로 환경변화에 대응할 수 있는 디자인을 강화하거나, 단순한 디자인의 적용으로 재료낭비를 최소화한 디자인 노력이 언급되었다. 또한 일부 응답자는 재고원단을 활용하여 사은품을 제작하거나 아트워크 작업에 적용하여 재활용 또는 재사용하여 디자인에 적용한다는 답변도 있었으며, 한지를 사용한다거나 한글을 디자인에 적용해 전통적인 지역성을 살리기 위해 노력한다는 응답도 있었다. 한글의 메시지를 적용해 사회공헌과 관련된 공익메시지를 한글 명사를 디자인하여 적용한다는 답변도 있었다. 다음은 주요 응답 내용이다.

"우리 회사는 업종 특성상 모든 디자인을 디자인팀에서 자체적으로 개발하고 있으며 디자인에 대해서 상당한 자부심이 있어 디자인 등록만 470건 이상을 진행하고 있다. 그리고 우리 제품에 대한 디자인 도용문제로 디자인 특허 소송을 5년간 진행한 적이 있다. 모두 승소는 했지만 패션 분야 대부분의 사람들은 동종업계 사람들끼리 소송까지 해서 이겨야겠냐는 부정적 인식을 가지고 있었다. 이처럼 디자인 도용을 눈감아 주는 풍토를 깨고 싶어 대법원까지 가서 승소를 하는 결과를 만들어 냈고 위증죄까지 더해서 형사고발까지 진행한 적이 있다. 우리 패션산업의 가장 큰 문제인 디자인 도용문제를 해결하고 싶어 진행했었고 앞으로 개선되어야 될 가장 큰 문제라고 생각한다."(F사)

"의류를 만들고 남은 원단으로 아트작업을 하고 있고 폐기물을 활용하여 패브릭 작품을 만들어 재활용 컨셉의 전시회를 하고 있다. 다른 방법으로는 폐원단을 가봉용 소재로 사용하기도 하는데 보통은 광목으로 피팅을 하지만 우리 회사는 남는 소재를 사용하여 고객피팅을 하고 있다. 여성복 브랜드이므로 여성의 감성을 자극하는 공익적인 메시지를 문구로 만들어 캘리그라피(calligraphy) 작업을 하여 디자인에 적용하기도 한다."(I사)

"한지를 작업하여 디자인에 적용해 본 적이 있다. 한지에 한글을 새기기도 하고 전통문양을 넣기도 하여 한국의 이미지를 전달하기 위해 노력했었다. 하지만 한지가 외국에서는 친환경 소재로 인정이 되지 않고 셀룰로오스계 섬유로 분류되어 수출하는 데 어려움이 있었다. "(D사)

(3) 유통 · 물류

유통·물류에 있어서는 거래처, 업무 파트너 등의 공급체인 상에서 윤리적 기준을 적용하는 부분에 대한 응답이 다수 있었다. 거래사에 대한 상납, 선물 등의 불공정 관행을 없애고 투명성을 강조하기 위하여 기업 간 공동 윤리서약서를 작성하여 따른다거나 모든 거래를 문서화하여 기록을 남기고 거래처와의 역할을 분명히 하는 등 공급체인과의 우호적 관계 유지를 위해 노력한다고 답하였다. 대형 유통업체와의 거래에서 발생하는 과도한 불공정 요구를 회피하고자 한 단계 낮은 규모의 유통회사를 선택하여 거래한다는 답변도 있었다.

또한 일부 응답에서는 에너지 절감을 위하여 단열 판넬을 사용하여 오피스나 매장에서 사용하는 에너지를 절감하거나 매장의 모든 조명을 LED(light emitting diode)로 바꾸고, 절전형 센서를 부착한 전기기구를 사용하는 등 에너지를 절약하기 위해 노력하고 있었다. 먼지발생을 최소화하기 위하여 기계마다 공해요소 흡입기를 부착하여 가동함으로써 유해요소 저감을 위해 노력한다는 응답도 있었다. 다음은 주요 응답 내용이다.

> "비즈니스 윤리에 있어서 협력회사와의 관계에서 뭐든 서류화하여 보관하고 있으며 작은 것도 공동 날인하여 규정대로 진행하고 있다. 협력업체의 경우 약정서나 계약서를 모두 서류화하여 공정하고 투명한 관계가 되도록 노력하고 있다. 이를 통해 우호적인 파트너와의 관계로 13년 이상 거래하는 파트너도 있다."(H사)

"고정경비로 나가는 에너지 사용료의 절약을 제일 중요하게 생각하고 있다. 에너지 절감을 위해 예전 방식을 버리고 인버터식으로 난방 방법을 바꾸고 있으며 여건이 될 때마다 교체작업을 하고 있다. 보온은 단열이 중요해서 기존 벽 안에 판넬을 설치하여 단열하고 있는데, 난방이 잘 되고 난방을 꺼도 따뜻하다. 이렇게 하여 한달에 50만 원 정도 에너지 사용료를 절약하고 있다."(A사)

"에너지 절감을 위해 모든 조명을 LED로 바꾸었으며 직원 교육을 통해 모든 에너지를 원가로 인식시켜 에너지 절감에 노력하고 있다. 자주 사용하지 않는 공간에는 센서를 달아서 사람이 들어오면 불이 들어오지만 아무도 없으면 저절로 불이 꺼지는 시스템을 모든 건물에 적용하여 에너지 절감형 건물로 변화시키고 있다."(J사)

(4) 경영 · 마케팅

응답 업체들은 환경마크 획득이나 에코라벨 인증과 같은 친환경 인증이 수출이나 해외시장 진입에 있어 중요한 기준이 되므로 인증 획득에 노력한다고 답하였으며 국내의 경우 KC마크 취득에 대해 노력하고 있다고 하였다. 이는 국내외 마케팅에 있어서 중요한 부분이 되며, 특히 선진국에 수출하고자 할 때 나라별 인증 조건이 다르므로 이에 대한 이해를 높여 관세를 절감하거나 관세를 내지 않기 위해 노력한다고 했다.

또한 기부나 봉사활동과 같은 지역사회 공헌활동에도 참여하고 있었다. 이월상품이나 재고상품은 바자회 판매를 통하여 판매하고 판매액 중 일부금액을 기부하고 있으며 복지회, 요양병원, 양로원, 아름다운 가게 등을 통해 기부활동에 참여하고 있었다. 이와 더불어 기부활동뿐만 아니라 교통사고 유자녀나 불우이웃을 위해 직접 봉사활동에 참여한다는 업체도 있었다. 마지막으로 블랙슈머blacksumer의 증가에 따른 피해가 있지만 브랜드 이미지 보호 차원에서 조건 없이 소비자의 요구를 최대한 수용하기 위해 노력하고 있다는 답변도 있었다. 다음은 주요 응답 내용이다.

"중국에 유·아동복 수출을 하기 위해 GBT(Guojia Biaozhun Test)나 유해검증 테스트를 통한 인증서를 발급받아 수출하고 있으며 SGS(société générale de surveillance) 인증이나 유해물질 안전인증 등에 관한 인증을 받아 수출을 위해 노력하고 있다. 국내에서는 KC 인증을 받아 안전성 확보를 위해 노력하고 있다."(F사)

"우리는 내수보다는 수출을 중심으로 진행하고 있는데 나라마다 인증제도가 다 달라 지역별 차등 인증 획득을 위해 노력하고 있다. 미국의 경우에는 실크, 면 등 천연 소재들이나 가죽 등은 세금 면제가 되고 유럽 쪽에서는 오히려 세금이 다 붙는다. 이렇게 나라마다 대륙마다 인증제도와 관세제도가 조금씩 달라서 관세절감이나 면세를 위해 단가를 조절하면서 인증을 획득하려 노력하고 있다."(I사)

"공정한 가격제시로 유통과정의 원가상승에 대한 문제점을 해결하는 비즈니스 모델을 추구하고 있다. 방송을 통해 중간 유통단계를 없앤 우리 회사의 유통 시스템을 소개하여 소비자의 원가에 대한 인식을 개선시키고자 노력하고 있다. 소비자 불만 또한 모두 수용하려 노력하고 있다."(G사)

"백화점의 바자회나 몇몇 단체의 바자회 활동으로 기부를 하고 있으며 작년의 경우 약 3천만 원 정도를 기부한 것 같다. 바자회를 하고 거기서 발생하는 매출의 10%, 또는 15% 정도를 그 바자회 단체에 기부를 하여 사회공헌활동을 하고 있으며 기부를 하면 세액공제도 받게 되어 유리한 점도 있다."(B사)

(5) 노무

노무에 있어서는 법적 규제의 준수에 대한 실천이 중요하게 언급되고 있었다. 특히 노동법 관련 인사규정에 있어서 최저임금 이상 지급, 연차시스템 진행, 근무시간 준수, 권고사직 미실행, 인턴이나 실습생 대상으로 회사업무를 제외한 교육실습만을 위한 내용 등의 법적인 부분을 실행하고 있다고 언급했다. 또한 여성 근로자 등을 위한 직원복지 준수뿐만 아니라 경력단절 최소화를 위하여 퇴직자를 대상으로 시간제 근무를 허용한다는 답변도 있었다. 그 외 내·외부 교육지원과 기업의 윤리적 근무조건 확립을 위해 노력하고 있다고 하였다. 다음은 주요 응답 내용이다.

"우리는 사람 위주로 경영을 하여 이달의 사원을 무기명으로 뽑아 직원 보너스를 20만 원씩 주기도 하고 근무년수가 긴 사원들의 경우 매년 송년회마다 금 한 돈을 선물로 지급하기도 한다. 5년 이상 경력자들이 패션업에서 이탈하는 것을 보니 너무 안타깝고 여성의 경우 출산 후 퇴사가 많아 이들을 대상으로 시간제 근무를 허용하고 있다. 또한 여성 근로자를 위한 보육시설 설립도 고려 중에 있다."(D사)

"모든 법 규정을 명확히 준수하고 있으며 출근카드 활용부터 최저임금 이상의 기준적용 등 모든 것을 규정대로 진행하고 있다. 노무사와의 계약으로 국가기준에 준하여 인턴 실습생을 활용하고 있으며, 업무와 교육을 명확히 구분하도록 국가기준을 준수하고 있다."(H사)

앞선 패션기업 대표와의 심층면접의 분석결과를 토대로 패션기업의 업무 프로세스별 비즈니스 윤리영역을 최종적으로 도출하였다. 패션기업의 업무 프로세스별 비즈니스 윤리영역으로 1) 원부자재 제조·수급 단계에서 인체친화 소재 활용, 지속가능적 기술 강화, 비건재료 활용, 안전공정 중시, 폐기물 저감으로 나타났으며, 2) 디자인 단계에서 효율적 디자인 강화, 재활용/재사용 중시, 비복제 중시, 공익성 메시지 활용, 지역성 보호로 나타났고, 3) 유통·마케팅 단계에서는 공정무역, 유해요소 저감, 에너지 절감, 윤리적 공급체인 활용으로, 4) 경영·마케팅 단계에서는 인증 중시, 소비자 보호 중시, 과대광고 지양, 사회공헌 활동으로, 5) 노무 단계에서는 노동자 보호, 법적규제 준수, 인적·교육 투자 강화로 나타났다.

2) 패션산업의 업체별 비즈니스 윤리 실행 사례

패션산업의 업체별 비즈니스 윤리 실행 사례는 표 2.1과 같으며, 개별 업체별 심층면접 결과는 표 2.3부터 표 2.12까지 정리하였다. 이는 앞서 언급한 김수경(2018) 연구[26]를 재인용하여 정리한 것이다.

표 2.1 패션기업의 비즈니스 윤리 실행 사례

	원부자재 제조·수급	디자인	유통·물류	경영·마케팅	노무
1	인체친화 소재 활용	효율적 디자인 강화	공정무역	인증 중시	노동자 보호
	C,D,E,F,G,H,I	E,I	F,G,H	A,C,E,D,F,G,H,I	D,J
2	지속가능적 기술 강화	재활용/재사용 중시	유해요소 저감	소비자 보호 중시	법적규제 준수
	D,E,F,G,H,I,J	B,D,E,G,I,J	A,D	B,C,D,F,G,H,I	A,B,C,D,E,H,I,J
3	비건재료 활용	비복제 중시	에너지 절감	과대광고 지양	인적·교육투자 강화
	G,H,I,J	A,B,C,E,F,H,I,J	A,E,I,J	E,H,I	B,D,E,F,G,H,I,J
4	안전공정 중시	공익성 메시지 활용	윤리적 공급체인 활용	사회공헌활동	
	A,D,G,H,J	I	A,B,C,D,E,F,G,H,I	A,B,C,D,E,F,G,H,I,J	
5	폐기물 저감	지역성 보호			
	A,B,D,F,H	D			

* 알파벳 기호는 업체표시

표 2.2 응답기업 현황

기호	업력	연 매출액	상시 근무자	취급 품목	거래 대상	수출	특성
A	5~ 10년 미만	40억	80명	남성 셔츠	중소기업	미주	OEM ODM 중심
B	20년 이상	60억	25명	여성 어패럴	중소기업	없음	내수만 진행
C	5년 미만	5억	5명	디자이너 브랜드	일반 소비자	중국	디자이너 경영
D	10~ 15년 미만	9억	8명	여성 어패럴	일반 소비자 해외기업	중국	연구 개발 중심
E	5~ 10년 미만	10억	10명	여성 어패럴	일반 소비자	중국	유통 중심
F	15~ 20년 미만	40억	9명	침장	중소기업	중국	침장 디자인 중심
G	20년 이상	100억	15명	소재 패션 완제품	중소기업 일반 소비자	중국 미주	개발 소재 적용 생산
H	20년 이상	135억	28명	여성 어패럴	일반 소비자	중국	소재 개발 특성화
I	15~ 20년 미만	3억	5명	디자이너 브랜드	일반 소비자 해외기업	중국 미주 유럽 일본	디자이너 경영·수출 비중 큼
J	15~ 20년 미만	180억	35명	여성 어패럴	일반 소비자	중국 일본	유통 중심

표 2.3 A사의 패션비즈니스 윤리경영 실행 사례

연구영역	내용		윤리영역상 구분
	윤리적 사례	비윤리적 사례	
비즈니스 윤리교육 경험	김영란법 교육, 보건 안전교육, 국가의무 안전교육		
원부자재 제조·수급	• 폐기물 처리 리사이클 연구개발 • 안전한 생산을 위한 간호사 방문교육 실시 • 사내공기청정시설도입(50인 이상 사업장만 대상이므로 정책지원 필요)	• 폐기물의 구분·저감 없이 쓰레기봉투에 넣어 폐기 사용	안전공정 중시, 폐기물 저감
디자인	–	• 거래사의 복제 요구 • 해외제품의 경우 고가이므로 유사하게 국내에서 재개발 요구(디자인, 패턴 등 복제)	비복제 중시
유통·물류	• 거래사의 윤리서약서 작성 의무화 • 거래사의 상납, 선물 등의 투명성 강조 • 사내 에너지 절감을 위해 판넬 적용 단열강화	• 단가절감 요구에 따른 어쩔 수 없는 눈속임 제품 취급 • 빠른 진행을 위한 납기임박 제품진행 • 제작 시 문제점 발생 알지만 바이어가 시키는 대로만 제품 생산 • 결정권자 대상의 뇌물공여 • 제품불량에 대한 소비자 책임 서약서 의무진행(모든 피해는 '을'에서 보상)	윤리적 공급체인 활용, 에너지 절감
경영·마케팅	• 거래사의 요구 시만 친환경 인증 • KC인증 준비 중이나 그로 인한 원가 상승문제 고민 중 • 불량제품 사내판매 • 이월재고 기부금 공제	–	인증 중시, 사회공헌활동
노무	–	• 저소득 근로자의 경우 보험 가입 거부로 인한 어려움	법적규제 준수

표 2.4 B사의 패션비즈니스 윤리경영 실행 사례

연구영역	내용		윤리영역상 구분
	윤리적 사례	비윤리적 사례	
비즈니스 윤리교육 경험	국가의무 소방교육 외 없음		
원부자재 제조·수급	• 최소한의 재고수량 저감 노력(명확한 스케줄 확정으로 원칙대로 진행)	• 패션산업 특성상 안전사고 확률 적어 교육하지 않음 • 쓰레기봉투에 폐기물 구분 없이 처리, 일부 재고 창고보관	폐기물 저감
디자인	–	• 다기능성, 기능성제품보다는 잘 팔리는 디자인 적용이 주 목적 • 프로모션 회사에 의한 공공연한 디자인 복제 • 완전한 복제도 진행 경험	효율적 디자인 강화, 비복제 중시
유통·물류	–	• 유통(백화점)에서 발생하는 부당 요구사항(실적을 위한 가매출 요구, 행사제품 원가 사항 의무 등) • 결정권자 대상의 뇌물 • 개인별 '갑–을' 관계의 차이에 따라 부당요구 정도의 차이점 동시에 발생(담당자의 재량권에 따른 불이익) • 거래처 간 갑을 서약서 작성	윤리적 공급체인 활용
경영·마케팅	• 바자회 등을 통한 기부활동으로 세액공제 • 재고상품 행사진행	• 인증 획득 노력하지 않음(잘 팔리는 제품위주 기획) • KC인증 의무 반대(비용처리 문제발생) • 블랙슈머 수용에 대한 '갑'에 대한 부당요구 처리	인증 중시, 소비자 보호 중시, 사회공헌활동
노무	• 정부지원 교육 참가(실질적 도움은 안 됨) • 연차 시스템 진행(노동청 요구) • 일학습 병행제로 교육지원(실질적 도움 안 됨)	• 주휴수당 지급 등에 따른 인건비 상승으로 경영의 어려움 • 대기업 위주의 노동기준법에 따른 중소기업의 실행 어려움 • 빠른 물류처리가 요구되는 경우 직원이 직접 고속도로 배송으로 사고 경험	노동자 보호, 법적규제 준수, 인적·교육투자 강화

표 2.5 C사의 패션비즈니스 윤리경영 실행 사례

연구영역	내용		윤리영역상 구분
	윤리적 사례	비윤리적 사례	
비즈니스 윤리교육 경험	국가의무 교육 외 없음		
원부자재 제조·수급	• 화학 소재 사용 줄이기 위해 아세테이트 소재 사용(선진국 진출 고려하여 진행) • 선진국 납품을 위해 의식적으로 친환경 섬유 제품 사용	• 폐기물은 분류·저감 없이 쓰레기봉투 사용	인체친화 소재 활용, 폐기물 저감
디자인	• 디자이너 브랜드 특성상 복제 절대하지 않음(자존심 문제)	–	비복제 중시
유통·물류	–	• 백화점의 가매출 요구 • 영세하청사의 부가세 거부(세금)로 회사 측에서 부가세 대신 납부해 주는 경우도 있음(세금에 대한 의식 부족)	윤리적 공급체인 활용
경영·마케팅	• 선진국 진출을 위한 친환경 인증 반드시 실행 • 블랙슈머 증가에 따른 피해가 있지만 브랜드 이미지 대응에 따른 소비되는 시간 고려해 무조건 소비자 우선 지원 • 자체적인 기부활동 진행 중(단체 및 개인기부)이나 규모상 크게 진행하지는 않음	• KC인증 반대(패션산업 특성상 빠른 회전율로 소요시간 과다) • 트렌드성을 요하지 않는 제품에 대해서는 기부활동	인증 중시, 소비자 보호 중시, 사회공헌활동
노무	–	• 사직서 쓰고 나간 직원이 노동청에 고발(합의에 따른 사직이었으나 실업급여 받기 위해 고발)	법적규제 준수

표 2.6 D사의 패션비즈니스 윤리경영 실행 사례

연구영역	내용		윤리영역상 구분
	윤리적 사례	비윤리적 사례	
비즈니스 윤리교육 경험	국가의무 안전교육 외 없음		
원부자재 제조·수급	• 재단칼 덮개 개발로 봉제공장의 안전공정 보강 • 공장계단 미끄럼방지 설치 안전화 • 원단절감 위해 입체패턴 개발 • 여름용 쿨링 정장바지 개발 위해 그라데이션 제직디자인 설계 연구(제직밀도 조절) • 편직물로 메시 소재 개발 • 근육테이핑 상봉기계 사용 효과 • 수출 시 천연섬유 세율 낮게 적용되어 사용	• 판매율(시즌 인기 아이템) 및 기능성 때문에 모피는 반드시 사용	안전공정 중시, 폐기물 저감, 지속가능적 기술 강화, 인체친화 소재 활용, 비건재료 활용
디자인	• 한지 소재 사용으로 전통성 강조 • 남은 원단 재판매	• 소속 디자이너 작업지시서 유출사고 경험 • 협력업체 개발패턴 다른 업체에 재사용 유출 • 선진국의 샘플구매 후 분해하여 패턴분석 활용	비복제 중시, 지역성 보호
유통·물류	• 먼지발생 최소화를 위해 기계마다 먼지 흡입기 설치	• 백화점의 경우 업체별 수수료 부담률 차별 적용 • 협력업체 계약내용 위반 시 납품날짜 고의적 어렵게 하여 부담률 증대 • 유통회사의 경우 소비자관련접수 3건 이상 사유 상관없이 강제퇴거 진행 • 백화점 매니저 교육의무화하지만 책임은 업체부담	윤리적 공급체인 활용, 유해요소 저감
경영·마케팅	• 바자회, 복지재단 기증 (200pcs 이상 기부) • 리사이클 나일론 관세 제로(zero)로 수출 위해 인증 • 중국제품 규제를 위한 친환경염색 인증 개발 필요	• 소비자의 시즌지난 제품 반품(블랙슈머) • 고객 변심 반품 다수	사회공헌활동, 인증 중시, 소비자 보호 중시
노무	• 이달의 격려금 보너스 지급 • 연속근무자 상여금 지급 • 경력단절 최소화 위해 퇴직자 대상 시간제 근무허용 • 여성 근로자를 위한 유아보육시설 운영	• 4대보험 적용 후 희망퇴직 후 노동청 고발 • 직원의 회의자료 유출(중소기업의 경우 보안시스템 취약실태 악용) • 퇴사 후 디자인 도용	법적규제 준수, 인적·교육투자 강화

표 2.7 E사의 패션비즈니스 윤리경영 실행 사례

연구영역	내용		윤리영역상 구분
	윤리적 사례	비윤리적 사례	
비즈니스 윤리교육 경험	국가의무 안전교육 외 없음		
원부자재 제조·수급	• 냉감, 온감 소재 개발 • 천연염색 소재 개발(참외 순 등의 원료적 용으로 세탁견뢰도 상승 효과)	• 모피는 시즌제품 특종으로 반드시 구비	지속가능적 기술 강화, 비건재료 활용, 인체친화 소재 활용
디자인	• 트랜스폼 디자인 개발(가변형, 리버서블 등) • 디자인 유출 방지 위해 특허 등록	• 인건비 비중 높아 리사이클 안 함 • 시즌이 맞지 않아 복제 안 함	효율적 디자인 강화, 비복제 중시, 재활용/재사용 중시
유통·물류	• 갑질로 불이익 당하지 않기 위해 B, C등급 백화점에만 입점하여 공정한 파트너십 운영하고 판로 다변화 시도(수출 등)	• 해외 유통구조와 다른데도 해외 시스템 적용으로 그에 따른 손실부담 업체(예, 블랙프라이데이 횡포) • 판매사원 급여는 업체가, 관리는 유통회사가 하는 불공정 만행 • 매출 저조업체 강제 철수가능 권한 • 타 백화점 인터뷰 내용으로 프로모션 보류 경험 • 공정한 설문조사 어려움(설문내용 유출로 피해경험) • 김영란법 영세업체 불리(공정한 기회가 불리함) • 공동 광고의 경우에도 광고비는 '을'이 부담	윤리적 공급체인 활용
경영·마케팅	• KC인증 • 사회적 기업 준비 중(장애인, 다문화 가정 등 채용)	• 경비 줄이기 위해 LED 사용, 에너지 절감에 관심 있지만 현재 어려움 • 생산년도, 원산지 속임으로 판매 유도 • 판매가, 세일가 조절	에너지 절감, 과대광고 지양, 사회공헌활동
노무	• 인사규정에 따른 상벌 구조의 정확성 필요 • 위탁교육 실시	• 이직 잦아 직원교육 사실상 하기가 어려움 • 판매사원의 경우 4대보험 적용 거부	인적·교육투자 강화, 법적규제 준수

표 2.8 F사의 패션비즈니스 윤리경영 실행 사례

연구영역	내용		윤리영역상 구분
	윤리적 사례	비윤리적 사례	
비즈니스 윤리교육 경험	국가의무 안전교육, 직원 희망교육 지원		
원부자재 제조·수급	• 알러지 원단, 황토이불, 항균, 항취 먼지발생 저하, 미세먼지 침투방지, 가벼움 등의 쾌적·안전성 제품 개발 • 원단 손실 줄이기 위해 가로연폭 디자인 개발	–	인체친화 소재 활용, 지속가능적 기술 강화, 폐기물 저감
디자인	• 디자인등록 470건 • 디자인소송 승소	• 지역적 특성에 따른 디자인 복제 신뢰도 저하로 거래 어려움(대구지역 디자인 복제 특징으로 대구 브랜드의 경우 제품출하 거부) • 당연시하는 복제문화에 대한 인식	비복제 중시
유통·물류	–	• 가격질서 파괴(옆집보다 싸게)로 모두가 어려운 상황 도래 • 강제 광고비 부담 • 대형마트의 경우 노골적인 부당요구로 철수 진행 • 중간 관리자의 강압요구, 노골적 괴롭힘(타 매장은 매달 상납금을 준다는 등 비교하며 요구)	공정무역, 윤리적 공급체인 활용
경영·마케팅	• 중국 유아제품 수출 위한 GB인증 테스트 • KC인증 • SGS인증 • 유해물질 안전 검증 • 소비자 안전을 위해 정전기 발생 원단 모두 수거 후 폐기 • 고급제품 사용을 통해 소비자 불만저하 대처 • 공공모금회, 재고 노인 복지회 및 요양병원 기부 진행	–	인증 중시, 소비자 보호 중시, 사회공헌활동
노무	• 사원의 희망교육 지원 실행 • 외부, 내부 교육 실시	–	인적·교육투자 강화

표 2.9 G사의 패션비즈니스 윤리경영 실행 사례

연구영역	내용		윤리영역상 구분
	윤리적 사례	비윤리적 사례	
비즈니스 윤리교육 경험	국가의무 안전교육 외 없음		
원부자재 제조·수급	• 친인체 염료 사용 • 뱀부사, 항균사 사용 • 발열, 바람막이, 흡한속건, 합성피혁 개발 • 안전성 강화 위해 락 설치, 크레인 사용 • 폐기물 저감 위해 스탁제품 후진국으로 일부 수출로 서로 윈윈 효과 발생 • 폐원단, 짜투리원단 후진국 수출 진행	–	인체친화 소재 활용, 지속가능적 기술 강화, 비건재료 활용, 안전공정 중시
디자인	• 재활용 소품생산	–	재활용/재사용 중시
유통·물류	–	• 파트너사의 기한 미엄수, 약속이행파괴 • 파트너사의 납기금액 미지급 • 패션산업의 신용거래 어려움	공정무역
경영·마케팅	• 광고로 소비자 알 권리 제공 • 가격파괴로 소비자 가격 속임 피해 없앰 • 수출 위한 인증 진행 • 소비자 불만 100% 수용 지원 • 양로원, 요양원 등에 기부	• 원가 속임으로 소비자가 피해	소비자 보호 중시, 인증 중시, 사회공헌활동
노무	• 외부기관 활용교육 • 직원 권고사식 지방	–	인적·교육투자 강화

표 2.10 H사의 패션비즈니스 윤리경영 실행 사례

연구영역	내용		윤리영역상 구분
	윤리적 사례	비윤리적 사례	
비즈니스 윤리교육 경험	국가의무 안전교육		
원부자재 제조·수급	• 천연 소재와 친환경 소재 융합개발 노력 • 텐셀, 레이온 사용률 높임 • 쾌적성 고려(바이어스 방향 활용 등 인체편이 제품 개발) • 트렌드성으로 비건 제품 구비(소비자 동물애호가 증가) • 생산안전 담당자 관리 • 전산 시스템 개발로 데이터 활용을 통해 구매물량 체크로 절감효과	• 부자재에서 유해물질 검출	인체친화 소재 활용, 지속가능적 기술 강화, 비건재료 활용, 안전공정 중시, 폐기물 저감
디자인	• 재고원단으로 사은품 제작 • 소재 개발을 통한 복제율 감소	–	재활용/재사용 중시, 비복제 중시
유통·물류	• 정부규칙 그대로 시행하여 공인된 공정무역 실행 • 모든 거래 서류화(약정서,계약서 등 시스템 확실히) • 우호적 파트너십 관계로 13년째 같은 파트너 활용	–	공정무역, 윤리적 공급체인 활용
경영·마케팅	• KC인증 • 소비자 클레임은 대표전화로 바로 연결되는 시스템 개발 • 아름다운가게 기부	• 기능성 제품의 기능 과장 과대광고 • 전 과정이 친환경은 아닌데도 친환경 광고로 과대 포장	인증 중시, 소비자 보호 중시, 사회공헌활동, 과대광고 지양
노무	• 법규이행(출근카드 작성, 최저임금 이상 지급 등) • 능력제 급여(연차 무시) • 인적 프로그램 활용 • 외부교육, 경험교육, 마인드교육, 전화예절교육 • 노무사 고용을 통한 법규준수(인턴, 실습생 모두)	–	법적규제 준수, 인적·교육투자 강화

표 2.11 I사의 패션비즈니스 윤리경영 실행 사례

연구영역	내용		윤리영역상 구분
	윤리적 사례	비윤리적 사례	
비즈니스 윤리교육 경험	국가의무 안전교육 외 없음		
원부자재 제조·수급	• 실크, 면 등 천연 소재 대부분 사용 • 네오플렌 소재 적용으로 자외선 차단, 보온, 보냉기능, 불연성 소재 개발 • 동물학대, 공해 등을 고려하여 밍크 소재 사용 않음 • 베이비램 절대 사용 않음 • 깨끗한 환경조성 • 전기안전 중요시	• 가죽의 경우 어쩔 수 없이 사용	인체친화 소재 활용, 지속가능적 기술 강화, 비건재료 활용, 안전공정 중시
디자인	• 복제 막기 위해 니트의 경우 직접 편직개발(비용상승) • 남은 원단 아트워크 작업으로 추후 전시 예정 • 남은 소재는 퀼트회사 납품이나 패치워크 작업 시 활용하여 재활용 시도 • 트렌드에 따라 단순성 디자인 개발 • 남은 소재는 가봉용으로 사용 • 한글 활용한 감성자극 문구 적용	• 복제는 디자이너브랜드의 가장 큰 어려움. 복제 당하면 다음 시즌 운영 어려움 • 소싱의 경우 더욱 심각한 복제문제(니트, 패딩 등) • 프로모션 회사들이 개발제품 샵 운영 • 차별화 위해 개발한 소재를 파트너사가 도용	비복제 중시, 재활용/재활용 중시, 효율적 디자인 강화, 공익성 메시지 활용, 지역성 보호
유통·물류	• 매장의 모든 조명을 LED로 전환	• 매니저의 이직 어렵게 하는 대표들의 태도 문제 • 백화점 매장위치 강제 이전 • 트레이드 쇼 경우 잦은 오더 취소	윤리적 공급체인 활용, 에너지 절감
경영·마케팅	• 바자회, 아름다운교회 기부 • 나라별 인증조건 다름 활용(관세 제로 활용), 미국 실크, 면은 관세 제로 등으로 적절한 제품을 조건에 맞게 활용 • 오래된 원단도 새롭게 재작하여 고객 A/S 진행	• 화학 소재 바탕에 천연염색 후 친환경 광고로 허위광고 실행 • 100% 친환경이 아닌데 친환경으로 허위 광고 • 중국 소재 대량입고 후 판로 개척 위해 천연염색 사용	과대광고 지양, 사회공헌활동, 인증 중시, 소비자 보호 중시
노무	• 근무시간 준수, 퇴직금 적용 대상 아닌데도 적용지원 • 트레이드쇼 등 해외경험지원 • 교육사업 참여	–	법적규제 준수, 인적·교육투자 강화

표 2.12 J사의 패션비즈니스 윤리경영 실행 사례

연구영역	내용		윤리영역상 구분
	윤리적 사례	비윤리적 사례	
비즈니스 윤리교육 경험	국가의무 안전교육, 사내 외부초청 교육		
원부자재 제조·수급	• 안전공정을 위한 최상의 근무조건 확립(건물구축, 배기조절 등을 통한 조건 확립) • 환경조건 우선의 봉제시스템 확보 • 기후변화로 인한 대체제품 개발 위해 노력	• 계절상품으로 모피제품의 구비는 피할 수 없음 • 폐기물은 분류·저감 없이 쓰레기봉투 사용	안전공정 중시, 비건재료 활용
디자인	–	• 패션업계 자체의 복제개념 무뎌짐 • 인터넷의 확대로 실시간 복제 더욱 증가	비복제 중시
유통·물류	• 모든 전등 LED로 전환하여 절약노력 • 모든 전기 센서를 통한 절약형으로 적용	• 입점된 패션 브랜드는 유통사의 부속품으로 전락(유통회사들이 수입의 대부분 차지), 가매출 요구	에너지 절감, 윤리적 공급체인 활용
경영·마케팅	• 학생 패션쇼 기부 • 안실련(안전생활실천 시민연합) 기부 • 교통사고 사망자 유자녀 봉사 장학회 이사활동	–	사회공헌활동
노무	• 모든 인사노무는 법규준수를 기본으로 운영방침 실행 • 주 3회 대표주체로 아침조례 운영, 문제점 보완 노력 • 육아휴직, 여성휴직 엄수 • 신규채용을 위한 기업윤리 조건 확립으로 고급인력 확보 위해 노력	–	법적규제 준수

3) 패션기업의 업무 프로세스별 ESG 경영 영역

앞선 패션기업 대표와의 심층면접의 분석결과를 토대로 패션기업의 업무 프로세스별 비즈니스 윤리영역을 최종적으로 도출한 결과는 표 2.13과 같다. 패션기업의 업무 프로세스별 비즈니스 윤리영역으로 1) 원부자재 제조·수급 단계에서 인체친화 소재 활용, 지속가능적 기술 강화, 비건재료 활용, 안전공정 중시, 폐기물 저감으로 나타났으며, 2) 디자인 단계에서 효율적 디자인 강화, 재활용/재사용 중시, 비복제 중시, 공익성 메시지 활용, 지역성 보호로 나타났고, 3) 유통·물류 단계에서는 공정무역, 유해요소 저감, 에너지 절감, 윤리적 공급체인 활용으로, 4) 경영·마케팅 단계에서는 인증 중시, 소비자 보호 중시, 과대광고 지양, 사회공헌활동으로, 5) 노무 단계에서는 노동자 보호, 법적규제 준수, 인적·교육투자 강화로 나타났다.

코로나 팬데믹 시대를 거치며 산업 전반에 테크놀로지 적용이 활발해지고 ESG 경영의 중요성이 부각되면서 섬유·패션기업의 비즈니스 윤리와 관련하여 더 다양한 이슈들이 논의되고 있다. 특히, 정책적 측면에서 넷제로Net Zero에 대한 목표달성을 위하여 기후변화대응을 위한 노력이 강화되고 있는데, 섬유·패션기업들도 온실가스 저감을 위한 다양한 경영전략을 도입하고 있다.

패션산업 전반에 걸쳐 온라인화가 활발해지면서 3D 가상모델과 의상을 활용하는 3D 버추얼패션시스템3D Virtual Fashion System 활용이 빠르게 증가하고 있다. 이는 가상 이미지로 의상을 구현하여 불필요한 샘플제작을 줄임으로써 친환경 가치를 실현하고 의사결정의 속도를 높이는

표 2.13 패션기업의 업무 프로세스별 비즈니스 윤리영역[28]

비즈니스 프로세스	원부자재 제조·수급	디자인	유통·물류	경영·마케팅	노무
세부 항목	1-1. 인체친화 소재 활용 인체친화성 소재(오가닉, 천연원료 등) 사용 활성화	2-1. 효율적 디자인 강화 기능성(단순성, 다기능성 등) 강화	3-1. 공정무역 공인된 공정무역(공정경쟁, 공정거래 등) 실행	4-1. 인증 중시 친환경 인증(환경마크 획득, 에코라벨인증 등) 획득 노력	5-1. 노동자 보호 노동자 인권보호(미성년 노동 규제, 노동착취 규제등) 실행
	1-2. 지속가능적 기술 강화 기술혁신(지속가능, 기후변화 대응 등) 제품 개발	2-2. 재활용/재사용 중시 재활용/재사용을 활용한 디자인 개발	3-2. 유해요소 저감 공해 및 유해요소 저감	4-2. 소비자 보호 중시 소비자 권리보호(불만대처, 소비자 참여 유도 등) 중시	5-2. 법적규제 준수 노동관련 법규(노동지침 확보, 사회 약자 비차별 등) 준수
	1-3. 비건재료 활용 비건(식물성 원료, 비동물성재료 등) 제품 사용	2-3. 비복제 중시 다른 상품을 복제하지 않은 디자인	3-3. 에너지 절감 에너지 절감	4-3. 과대광고 지양 과대(허위, 과장 광고 등)/부당광고(정보은폐, 가짜 상표 등) 배제	5-3. 인적·교육 투자 강화 인적투자/교육 참여
	1-4. 안전공정 중시 안전한 생산공정	2-4. 공익성 메시지 활용 공익성 메시지(공익성 추구 문구, 캠페인 등) 활용	3-4. 윤리적 공급체인 활용 윤리적 공급체인(파트너십 관계)	4-4. 사회공헌 활동 사회적 활동(사회공헌, 기부활동 등) 참여	–
	1-5. 폐기물 저감 폐기물(환경오염, 자연파괴, 폐수방출 등) 저감	2-5. 지역성 보호 전통적 디자인(민족성, 지역성 강화 디자인 등) 중시	–	–	–

데 기여하고 있다. 또한 온라인 쇼핑의 폭발적 증가에 따른 배송시스템 가동의 확대로 인해 물류배송 면에서도 탄소배출을 줄이려는 시도가 늘어나 유통과정에서 공급업체 및 협력업체 간 물리적 거리를 줄여 효율적인 공급망 네트워크를 구축하기 위해 노력하고 있다. 또한 근거리 소싱인 니어쇼어링near shoring을 활성화하여 유통·물류 단계의 탄소배출을 줄이려는 노력도 계속되고 있다.

한편 정책 규범이 강화되면서 플라스틱세 부담을 피하며 효과적으로 기후환경변화에 대응하기 위하여 지속가능 패키징에 대한 적용이 늘어나고 있다. 아울러 섬유·패션산업의 지속가능한 ESG 생태계 조성을 위하여 패션이니셔티브 공동협력 프로그램에 동참하는 사례가 증가하고 있다. 이니셔티브에서는 ESG 경영에 대한 실행목표와 방법을 구체적으로 제시하고 있으므로, 이를 통해 ESG 경영을 체계적으로 수행할 수 있을 것이다.

표 2.14는 기존에 개발된 '패션기업의 업무 프로세스별 비즈니스 윤리영역'을 확장·보완하여 최근 ESG 경영의 주요 이슈를 추가하여 '패션기업의 업무 프로세스별 ESG 경영 영역'을 도출한 결과이다.

표 2.14 패션기업의 업무 프로세스별 ESG 경영 영역

비즈니스 프로세스	원부자재 제조·수급	디자인	유통·물류	경영·마케팅	노무
세부 항목	1-1. 인체친화 소재 활용 인체친화성 소재(오가닉, 천연원료 등) 사용 활성화	2-1. 효율적 디자인 강화 기능성(단순성, 다기능성 등) 강화	3-1. 공정무역 공인된 공정무역(공정경쟁, 공정거래 등) 실행	4-1. 인증 중시 친환경 인증(환경마크 획득, 에코라벨인증 등) 획득 노력	5-1. 노동자 보호 노동자 인권보호(미성년 노동규제, 노동착취 규제, 안전보건 등) 실행
	1-2. 지속가능적 기술 강화 기술혁신(지속가능, 기후변화 대응) 제품 개발	2-2. 재활용/재사용 중시 재활용/재사용을 활용한 디자인 개발	3-2. 유해요소 저감 공해 및 유해요소 저감	4-2. 소비자 보호 중시 소비자 권리보호(불만 대처, 소비자 참여 유도 등) 중시	5-2. 법적규제 준수 노동관련 법규(노동지침 확보, 사회약자 비차별 등) 준수
	1-3. 비건재료 활용 비건(식물성 원료, 비동물성재료 등) 제품 사용	2-3. 비복제 중시 다른 상품을 복제하지 않은 디자인	3-3. 에너지 절감 에너지 절감 및 재생에너지 사용	4-3. 과대광고 지양 과대(허위, 과장 광고 등)/부당광고(정보은폐, 가짜 상표 등) 배제	5-3. 인적·교육투자 강화 인적투자/교육 참여
	1-4. 안전공정 중시 안전한 생산공정	2-4. 공익성 메시지 활용 공익성 메시지(공익성 추구 문구, 캠페인 등) 활용	3-4. 윤리적 공급체인 활용 윤리적 공급체인(파트너십 관계)	4-4. 사회공헌 활동 사회적 활동(사회공헌, 기부활동 등) 참여	-
	1-5. 폐기물 저감 폐기물(환경오염, 자연파괴, 폐수방출 등) 저감	2-5. 지역성 보호 전통적 디자인(민족성, 지역성 강화 디자인 등) 중시	3-5. 니어쇼어링(근거리 거래) 적용 공급자 간 근거리 거래 적용	4-5. 지속가능 패키징 사용 지속가능(리사이클포장재, 생분해성포장재 종이포장재 등) 패키징 사용	-
		2-6. 가상 디자인 적용 가상디자인(3D 버추얼패션) 적용		4-6. 디지털 마케팅 디지털(버추얼 패션쇼, 메타버스 등) 플랫폼 활용	
				4-7. 이니셔티브 가입 지속가능패션 이니셔티브 가입	

참고문헌

1) Greenpeace. (2011). *Dirty laundry.* Retrieved July 13, 2017, from https://www.greenpeace.org/international

2) 장남경, 이준옥. (2014). 윤리적 패션 인증제도 구축을 위한 탐색적 조사. 한국패션디자인학회지, 14(2), 143-156.

3) 국가청렴위원회. (2007, 3. 18). 기업 윤리경영 모델. 2017년 7월 15일 인용, http://www.acrc.go.kr/acrc/board.do?command=searchDetailTotal&method=searchDetailViewInc&menuId=05060801&boardNum=10459

4) Eco Fashion Week. (n.d.). *About eco fashion week.* Retrieved April 3, 2017, from http://ecofashion-week.com/index.php/about

5) Marks & Spencer. (n.d.). *Plan A 2025.* Retrieved May 17, 2017, from https://corporate.marksandspencer.com

6) Wolfe, J. H., & Dickson, M. A. (2002). Apparel manufacturer and retailer efforts to reduce child labor: An ethics of virtue perspective on codes of conduct. *Clothing and Textile Research Journal,* 20(4), 183-195.

7) 신혜영. (2010). 의류브랜드의 지속가능성 실천을 위한 프레임워크 개발에 관한 연구. 복식, 60(9), 136-149.

8) 리바이스 2021 지속가능 리포트. https://www.levistrauss.com/sustainability-report/

9) 리바이스 홈페이지. (n.d.). https://www.levistrauss.com/sustainability-report/

10) 김은영. (2019, 3. 25). 한 벌에 물 7000리터? 만만한 청바지, 알고보니 환경오염 주범. https://www.chosun.com/site/data/html_dir/2019/03/25/2019032500835.html

11) 김이슬. (2018, 11. 19). 동물의 고통을 벗다, 비건 패션. 숭대시보. http://www.ssunews.net/news/articleView.html?idxno=6734

12) Hokar Chandrakant et al. (2016). A critical review on textile wastewater treatments: Possible approaches. Journal of Environmental Management, 182, 351~366.

13) Hokar Chandrakant et al. (2016). A critical review on textile wastewater treatments: Possible approaches. Journal of Environmental Management, 182, 351~366.

14) Hokar Chandrakant et al. (2016). A critical review on textile wastewater treatments: Possible approaches. Journal of Environmental Management, 182, 351~366.

15) 장남경. (2012). 윤리적 패션디자인을 위한 상품개발 프로세스-공정무역 시스템 관점에서-. 복식, 63(1), 16-26.

16) 정정숙. (2022, 6. 13). 미국, '위구르 강제노동 방지법' 21일부터 시행. 한국섬유신문. https://www.ktnews.com/news/articleView.html?idxno=124175

17) 나명진. (2021, 9. 27). 버려지는 옷듯 어디로 갈까. 뉴스트리. https://www.newstree.kr/newsView/ntr202109070002

18) 김성준. (2020, 5. 11). '포스트코로나' 글로벌 공급망의 혁신. TIN뉴스. https://www.tinnews.co.kr/18649

19) 이연수. (2021, 7. 13). 패션, 화려하면 땡? MZ세대는 '가치'를 입습니다. 중앙일보. https://www.joongang.co.kr/article/24104238#home

20) 이영욱. (2022, 5. 2). 주문·생산·진열 이틀만에…이랜드 속도경영. 매일경제. https://www.mk.co.kr/news/business/10307921

21) 신초영. (2004). 패션업체의 기업윤리와 소비자윤리에 관한 연구. 박사학위논문, 성신여자대학교 대학원, 서울.

22) Ethical Fashion Forum. (n.d.). *The global platform for sustainable fashion*. Retrieved February 2, 2017, from http://www.ethicalfashionforum.com ethicalfashionforum.com/About-the-SOURCE-platform

23) 김수경. (2018). 패션기업의 지속성장을 위한 비즈니스 윤리교육 프로그램 개발과 적용. 계명대학교 박사학위논문.

24) 김수경, 여은아. (2020). 패션기업을 위한 비즈니스 윤리교육 프로그램 개발과 적용. 한국의류학회지, 44(5), 837-855.

25) 나영주, 이현규. (2013). 섬유의류산업의 지속가능성 증진을 위한 의복종류별 방안 모색. 한국의류산업학회지, 15(2), 294-301.

26) 김수경. (2018). 패션기업의 지속성장을 위한 비즈니스 윤리교육 프로그램 개발과 적용. 계명대학교 박사학위논문.

27) 김수경. (2018). 패션기업의 지속성장을 위한 비즈니스 윤리교육 프로그램 개발과 적용. 계명대학교 박사학위논문.

Chapter 3
ESG Management Cases
of the Textile · Fashion Corporations

섬유 · 패션기업의 ESG 경영 사례

1. 지속가능한 환경: E(환경)요소
2. 책임감 있는 사회참여: S(사회)요소
3. 투명한 지배구조: G(지배구조)요소

SUSTA
FAS
Care
Resp
Trade
Cold
Mend
Swap,
Reuse

Chapter 3

ESG Management Cases of the Textile · Fashion Corporations

섬유·패션산업은 생산과정에서 폐수 등 환경오염을 유발하고 제3세계 노동자를 저임금으로 고용하여 수요보다 많은 양을 생산함으로써 과도한 양의 쓰레기를 양산하는 환경파괴적 산업으로 인식되어 왔다. 이러한 부정적인 면을 개선하여 좋은 이미지로 거듭나고자 섬유·패션기업들은 다양한 친환경 활동 및 사회책임추구 활동에 앞장서 왔다. 국내외 섬유·패션기업들은 ESG 경영에 참여하면서 E(환경), S(사회책임), G(지배구조개선)의 3가지 영역별로 각 기업의 문제점을 파악하고 이를 개선하기 위해 다각도의 노력을 하고 있다. 광범위한 이슈들에 대응해야 하고 글로벌 기준에서의 ESG 경영 요구 수준이 날로 높아지고 있으므로 모든 영역에 걸쳐 완벽한 수준달성을 목표로 하기보다는 각 기업이 할 수 있는 부분부터 먼저 개선하려 하고 있다. 그러나 ESG 경영 수준에 대한 평가 시 이 3가지 영역이 모두 고려되는 만큼 각 영역의 주요 이슈들을 파악하고 이에 대한 고른 대응방안을 마련하는 노력은 불가피하다.

이 장에서는 ESG 경영의 3가지 영역에 따른 최근의 업계 동향을 살펴보고, 국내와 해외의 기업들이 이에 대응하여 실행하고 있는 경영 사례들을 알아봄으로써 ESG 경영실행의 흐름을 파악하고자 한다. 〈1. 지속가능한 환경: E요소〉에서는 탄소배출 감소, 물과 에너지 사용 효율화 등을 위한 기업의 실행 사례들을 알아본다. 다음으로 〈2. 책임감 있는 사회참여: S요소〉에서는 다양한 사회책임 활동과 이를 알리기 위한 캠페인을 소개하여 확장되어 가고 있는 사회책임 실행방법들을 알아본다. 마지막으로 〈3. 투명한 지배구조: G요소〉에서는 지배구조를 개선하여 투명성과 공정성을 확보하고 이해관계자의 고른 이익을 추구하기 위한 업계의 노력을 소개한다.

1. 지속가능한 환경: E(환경)요소

1) 섬유 · 패션산업에서의 E(환경)요소

ESG에서 환경Environment에는 기업의 경영활동 과정에서 발생하는 환경 영향 전반을 포괄하는 요소들이 포함된다. 섬유·패션산업은 생산과정에서 대량의 에너지, 용수, 화학약품, 살충제 등의 사용에 따른 온실가스 및 수질오염, 폐기물, 해양 미세플라스틱 등의 발생으로 환경문제가 발생하며, 전 세계 온실가스 배출량의 6~10%, 해양 미세플라스틱 배출량의 20~35%, 그리고 살충제 사용량의 10~25%를 차지하는 등 환경오염물질을 대량 발생시켜 환경적 요소에 심각한 피해를 끼치는 대표산업이다. 또한 세계에서 두 번째로 물 사용량이 많은 산업으로 물 소비의 20%를 차지하며, 제품 단가를 낮추기 위해 선택되는 플라스틱 소재의 합성섬유로 만들어진 의류는 잘 분해가 되지 않기 때문에 토양을 오염시키고 있어 기업에서는 이를 해결하기 위한 다양한 전략을 만들어가고 있다.[1] K-ESG 가이드라인의 환경Environmnet 분야 진단항목을 살펴보면 환경경영 목표, 원부자재, 온실가스, 에너지, 용수, 폐기물, 오염물질, 환경 법/규제 위반, 환경 라벨링 등 총 17개 항목으로 구성되어 있는데, 대부분의 항목이 섬유·패션산업의 생산, 조달, 유통, 소비, 폐기 활동의 단계에서 고려되어야 할 항목들이다.

표 3.1 K-ESG 가이드라인의 환경 분야 진단항목[2]

영역	범주	분류번호	진단항목
환경(E) (17개 문항)	환경경영 목표	E-1-1	환경경영 목표 수립
		E-1-2	환경경영 추진체계
	원부자재	E-2-1	원부자재 사용량
		E-2-2	재생 원부자재 비율
	온실가스	E-3-1	온실가스 배출량(Scopel & Scope2)
		E-3-2	온실가스 배출량(Scope3)
		E-3-3	온실가스 배출량 검증
	에너지	E-4-1	에너지 사용량
		E-4-2	재생에너지 사용 비율
	용수	E-5-1	용수 사용량
		E-5-2	재사용 용수 비율
	폐기물	E-6-1	폐기물 배출량
		E-6-2	폐기물 재활용 비율
	오염물질	E-7-1	대기오염물질 배출량
		E-7-2	수질오염물질 배출량
	환경 법/규제 위반	E-8-1	환경 법/규제 위반
	환경 라벨링	E-9-1	친환경 인증 제품 및 서비스 비율

출처: 산업통상자원부.

알릭스파트너스AlixPartners는 패션업계를 위한 6가지 지속가능한 탄소 감축 방안Six Steps to Sustainable Emissions Reduction in Apparel을 발표했다.[3] 첫째, 공급망 최적화로 인접국으로 생산 라인을 분산하는 니어쇼어링Near-shoring, 근거리 아웃소싱이 필요하다고 하였는데, 이는 원거리의 저임금 생산기지를 주로 활용해 오던 글로벌 패션기업들이 공급시장 가까이로 생산기지를 이동함으로써 자원의 이동경로를 줄여 탄소발생량이 감소하고 시장에 대한 빠른 대응을 통해 과잉생산을 막아 재고를 줄여 궁극적으로 폐기물 감소에 기여하는 결과를 낳는 것이다.

둘째, 제품 출시 과정 개선으로 디자인부터 승인까지의 과정을 디지털화함으로써 샘플 제작에서 발생하는 탄소배출량을 줄이는 것이 필요하다. 이는 디자인스케치 검토 후 샘플 제작을 위해 3D 패턴메이킹과 모델링Pattern Making and Modeling 프로그램을 사용함으로써 샘플 제작에 소요되는 자원을 획기적으로 줄이는 방법이다.

셋째, 공급업체 모니터링 강화로 공급업체의 행동 규칙 준수 감시, 자체 실행 평가, 교육 실시, 조달업체의 포괄적 글로벌소싱 표준 적용 등이 필요하다. 글로벌 패션업체들은 공급망에 대한 자체적 실사 기준을 마련하고 생산공장의 환경, 노무, 조달, 운영의 전반적인 분야에 대한 검증을 수시로 실시하고 기준을 통과한 업체들에게만 공급자 자격을 부여하고 있다.

넷째, 지속가능한 소재 도입으로 재활용 및 유기농 소재의 원재료를 활용하여 탄소배출을 절감하는 노력이 필요하다. 폐플라스틱을 이용한 재생폴리에스터recycled polyester 소재의 개발과 적용이 활발한데, 셔츠 한 장을 위한 소재 생산에 500 mL 페트병 27개가, 롱패딩에는 같은 크기 병 60개가 소요된다. 버려진 어망을 재활용하여 만든 재생 나일론도 대표적인 재활용 섬유인데, 해양 쓰레기로 해양 생태계를 파괴하는 자원을 선순환시킴으로써 환경보호에 기여할 수 있다.

다섯째, 물류 효율화로 포장재의 크기를 줄이고, 재활용 포장재료를 사용하며, 포장재를 재사용하는 방법으로 탄소배출을 줄일 수 있다. 또한 물류 운송 관리, 배송 경로 최적화, 공동협력 물류체계 등을 개선함으로써 탄소배출량 감축에 기여해야 한다. 운송과정에서 발생하는

그림 3.1 노스페이스의 페페트병 재활용 소재를 적용한 의류[4]
출처: 영원무역. https://www.youngone.co.kr

자원의 낭비를 최소화하고 불필요한 물류 이동을 자제하는 것은 정보의 디지털화와 물류 흐름의 효율적 재설계를 통해 가능할 것이다.

여섯째, 지속가능한 친환경 매장 구현으로 에너지 효율이 높은 전구를 사용하는 것부터 기기 대기 모드, 야간 저전력 활성화 및 배수 자동 제어 장치 설정에 이르기까지 에너지 관리 시스템을 구축하는 것이다. 매장 내 전력 사용의 효율화를 꾀하고 옷걸이, 행거, 소품 등의 사용수명을 길게 하고 이를 유동적으로 배치하여 효율성을 제고할 수 있다. 또한 친환경 청소 제품을 사용하는 등의 방법을 통해서도 친환경 매장 구현에 도움을 줄 수 있다.

2) 국내사례

블랙야크의 재생폴리에스터

블랙야크는 내년까지 모든 제품에 신규 폴리에스터 소재를 리사이클 원사로 대체할 계획이다. 현재 블랙야크는 국내에서 분리 배출된 폐페트병을 활용해 셔츠, 재킷, 팬츠 등의 의류를 생산하고 있다. 지난해에는 국내 최초로 'K-rPET(케이-알피이티) 재생섬유'를 적용한 친환경 'BAC두타2티셔츠S'를 출시했다. 이 티셔츠는 일회용 페트병의 재생섬유로 만들어진 티셔츠다. 국내에서 사용된 일회용 페트병을 수거해 불순물을 제거한 뒤 손톱 크기로 잘게 잘라 '플레이크flake' 상태로 만들고, 섬유의 원료가 되는 쌀알 크기의 '칩chip'을 완성한다. 이후 '실'을 뽑아내 원단 및 염색과정을 거쳐 제품이 만들어지며, 이 과정에서 15개의 페트병(500 mL 생수병 기준)이 재활용된다. 원사는 K-rPET 재생섬유로 만든 리사이클 폴리에스터와 옥수수 원료의 친환경 소재인 소로나 코튼 라이크 및 기능성 인견 원단을 사용한 자체 개발 소재 '트라이 에코TRI-ECO'를 적용해 만들었다. 해당 컬렉션을 통해 페트병 약 370만 개를 재활용, 에너지 자원의 절약과 온실가스 배출 저감에 기여했다. 또한 대표 제품인 '씽크 그린 플리스 재킷'은 100% 리사이클 폴리에스터 원단을 활용했고 지퍼까지도 사탕수수에서 뽑아낸 원료로 제작한 친환경 제품으로 '2019 소비자가 직접 뽑은 대한민국 올해의 녹색상품'에 선정되기도 했다.[5]

빈폴과 자주의 지속가능 소재 활용

삼성물산 빈폴은 재생 소재 및 충전재 사용, 동물복지 시스템을 준수하여 채취한 윤리적 다운인증Responsible Down Standard: RDS 제품 사용, 환경오염 유발 원단 사용 축소 등에 앞장서고 있다. 빈폴은 2021년 가을/겨울 시즌, 폐페트병을 재활용해 만든 나일론, 코튼 및 충전재로 제작한 친환경적인 제품을 생산하고 있다.

신세계인터내셔널의 라이프스타일 브랜드 '자주'는 최근 아시아 최초로 '코튼 메이드 인 아프리카Cotton made in Africa: CmiA'의 독점 라이선스를 확보했다. 친환경 원단뿐 아니라 부자재까지 점진적으로 확대하며 2025년까지 의류 70% 이상을 지속가능한 제품으로 대체하겠다는 계획을 밝혔다. 버려진 페트병을 재활용한 단추 및 CmiA 인증 면화를 일회성이 아니라 지속적으로 도입해 고품질 친환경 제품을 선보이며 탄소중립을 위한 환경보호에 앞장선다는 것이다.

헤지스의 제품생산 단계의 디지털화

LF의 대표 브랜드 헤지스는 의류 제작의 전 과정을 3D 이미지로 구현해, 샘플로 제작되는 의류 양을 줄이는 데 나섰다. 지난해 3월 국내 최초로 3D 가상 품평회를 실시했으며, 5월에는 국내 최초 3D 가상 런웨이 '헤지스 버추얼 런웨이'를 진행했다. 3D 디자인 솔루션 '클로CLO'를 활용해 디자인한 품평 대상 의류를 아바타 모델에 입히는 방식이다. 샘플을 만들지 않고도 가상의류 샘플 컨펌을 통해 판매용 의류를 만들 수 있으며, 단추나 지퍼 같은 부자재를 달았을 때의 모습도 3차원으로 확인해 빠르게 생산에 돌입할 수 있다. 기존 실물 샘플 제작 방식 대비 의류 한 벌 제작 시 평균적으로 탄소배출량이 810 kg, 화석연료 사용량이 1900 MJ(528 kWh), 물 사용량은 일반가정에서 사용하는 욕조 100여 개를 가득 채운 15 m^2가 절감되는 등 환경오염을 약 55% 감소시킬수 있다. 또 3D 가상 품평회를 진행, 샘플 제작으로 낭비되는 자원 및 환경오염을 축소하고 맞춤형 포장박스를 도입하는 등 ESG 경영 가치관을 사업 전반에 투영해 나가고 있다.[6]

한세실업의 친환경 생산 시스템

한세실업은 친환경 의류 생산 시스템 구축에 주력했다. 2015년 대비 현재 결과에 따르면 유류 사용량 35만 리터 이상 감축, 물 사용량 13만 리터 이상 감축, 석탄 사용량 100% 절감, 온실가스 배출량 20% 이상 감소하는 성과를 냈다. 한세실업의 자회사인 C&T VINA는 원단 생산 공정에서 나오는 폐수를 정수하는 설비를 갖추고, 하루 1,500톤을 재처리하고 있으며, 염색과정 중 원단을 세탁할 때 발생하는 폐수를 자체 처리하는 시스템을 만들어 재처리된 물의 일부를 로비에 위치한 연못에 물고기를 비롯한 수중 생물을 키우는 데 사용했다. 이렇게 4년여 동안 아낀 물은 13만 톤 이상에 달한다. 또한 친환경 의류 생산 시스템과 의류 제조 통합관리시스템 '햄스HAMS'를 구축해 자원 낭비 최소화, 빗물저장 시스템 및 워터쿨링시스템으로 해외 생산공장 전력 효율화에 노력하고 있다.

LF의 포장 폐기물 감소

LF는 친환경 포장 시스템 '카톤랩CartonWrap'을 적용하여 포장 폐기물 감량을 실천하고 있다. 카톤랩은 이탈리아 물류 패키징 솔루션 기업 CMC Srl에서 개발한 것으로 규격화된 박스가 아닌 제품 맞춤형 박스에 포장할 수 있는 시스템이다. 제품을 투입구에 넣으면 크기에 따라 꼭 맞는 크기의 박스가 제작되며, 포장 및 운송장 부착 등이 자동화로 이루어진다. 이로써 기존과 달리 스티로폼과 에어백 등 포장 완충재를 전혀 사용하지 않고 물류박스의 크기도 감소하여 물류에 소요되는 자원이 절약된다. LF는 카톤랩 도입 후 연간 410톤의 포장박스,

0.2톤의 OPP 테이프, 66톤의 포장비닐 사용을 줄여 환경보호에 기여할 수 있었다.[7]

3) 국외사례

H&M, 아디다스, 파타고니아의 지속가능소재 사용

H&M은 2019년 4월에 리사이클 폴리에스터 섬유를 사용한 패션 컬렉션을 발표하면서 2030년까지 모든 패션 제품에 친환경·리사이클 섬유를 사용하겠다는 계획을 내놨고, 자라는 2025년까지 전 패션 제품에 지속가능성이 높은 면화, 린넨, 리사이클 폴리에스터 섬유를 사용하겠다고 밝혔다. 아디다스도 2024년까지 모든 패션 제품에 사용되는 석유를 원료로 하는 버진 폴리에스터 섬유 사용을 중단하고 친환경·리사이클 섬유를 사용하겠다고 선언하기도 했다. 이탈리아 패션 체인 'OVS'는 100% 유기농, BCI 인증, 재활용 면을 사용한 제품을 만든다. 2020년 한 해 동안 130만 개의 제품을 리사이클 폴리에스터를 사용해 만들었다. 2025년까지 저영향 가치 사슬 인증을 받은 원자재 회사의 제품을 OVS 총 물량 중 90% 이상으로 늘리는 목표를 세웠다.

글로벌 시장에서 ESG 경영의 모범기업으로 평가받고 있는 세계 3대 아웃도어 기업인 파타고니아는 이미 1993년 의류업계 최초로 버려진 폐플라스틱 병을 활용해 리사이클 폴리스에스터 플리스를 출시, 100% 리사이클 소재로 만든 '파일 플리스Pile Fleece 컬렉션'을 선보였다. 또 세계 최고 수준의 유기농 표준 '재생 유기농 인증Regenerative Organic

Certificate'을 받은 제품을 출시할 계획이다. 파타고니아는 2018년부터 기후변화 문제해결을 위해 글로벌 기업 및 전문가들과 함께 '재생 유기농 연대Regenerative Organic Alliance: ROA'를 조직하고 세계적으로 가장 높은 수준의 유기농 표준 인증인 '재생 유기농 인증'을 개발했다.[8]

패션 브랜드들의 비건 소재 활용

글로벌 주요 럭셔리 브랜드는 단순 모피 사용 중단에 그치지 않고 더 나아가 동물성 가죽을 비건 가죽으로 대체하고 있다. 에르메스Hermes는 2021년 미국 친환경 스타트업 마이코웍스MycoWorks와 협업하여 버섯 균사체로 만든 가죽을 소재로 만든 가방을 출시할 계획을 밝혔다. 구찌 역시 2021년 비건 가죽 스니커즈를 출시했으며, 해당 제품은 모두 동물성 소재가 아닌 재생가능한 바이오 기반 소재로 제작되었다. 비건 패션이 럭셔리 브랜드에만 국한된 이야기는 아니다. 패스트패션 브랜드 H&M도 '이노베이션 스토리즈Innovation Stories' 컬렉션을 통해 선인장으로 만든 가죽 컬렉션을 선보였으며, 실리콘밸리에서 창업한 올버즈Allbirds는 사탕수수로 만든 비건 신발로 소비자의 주목을 받고 있는 가운데 대표적인 친환경 유니콘 기업 중 하나로 자리잡았다.

랄프로렌의 친환경 생산 시스템

미국 패션 브랜드 랄프로렌은 2021년 '컬러 온 디맨드Color on demand 시스템'을 발표하고 2025년까지 제품의 80%까지 적용을 확대하기로 공표하였다. 이는 염색공정 자체에서 모든 물을 재활용하고 재사용할 수 있도록 함으로써 업계 최초로 제로폐수 염색 시스템 제공을 목표로 한다. 농업화학회사 다우Dow, 지속가능 의류 및 섬유 마감재회사인 지놀로지아Jeanologia, 섬유염료 및 화학전문 헌츠맨 섬유 이펙트Huntsman Textile Effect, 분사 및 혼합 솔루션 분야 리더 코롭Corob 등과 협업하여 염색 시 물 사용량을 줄이면서도 염색공정에서 사용되는 화학물질을 줄이고 염색시간 및 에너지 양을 줄일 수 있는 시스템이다. 또한 의류 생산 초기에 일괄 진행되어야 했던 염색과정과 달리 어느 단계에서든 염색을 진행할 수 있도록 하여 시장수요에 대한 빠른 대응을 가능하게 해 준다. 랄프로렌은 EcoFast Pure Sustainable Textile Treatment라는 면직물에 다우사가 만든 솔루션을 적용한 결과 기존 면 염색공정에 비해 물 사용률 40%, 화학물질 사용률 85%, 에너지 사용률 90%, 탄소발자국 감소율 60%를 달성했다고 밝혔다.[9]

H&M의 탄소 포집 가능 앞치마 개발

섬유산업은 탄소발자국이 크고, 환경에 미치는 영향이 거대한 산업 분야 중 하나다. 최근 글로벌 패션기업들이 탄소중립에 대한 사회적 압력 속에 후원 및 개발 등의 다양한 형태로 지속가능성과 관련된 프로젝트를 선보이고 있다. 홍콩 직물 및 의류 연구소Hong Kong Research Institute of Textiles and Apparel가 H&M에서 운영하는 비영리 재단인 'H&M 재단'의 플래닛 퍼스트Planet First 프로그램의 연구자금 지원을 통해 탄소 포집 면화를 개발하였다. 아민Amine 함유 용액으로 면화를 처리하여 이산화탄소를 끌어당겨 포집한 후 안정화해 직물 표면에 보관하는 기술이 적용된 것이다. 이를 티셔츠 등에 적용하면 나무가 흡수하는 이산화탄소 양의 상당 부분을 대체할 수 있을 것으로 기대된다. 이 섬유를 이

용하여 제작한 앞치마는 스톡홀름 사진 미술관 내 레스토랑에서 테스트 사용 단계에 있다.[10]

2. 책임감 있는 사회참여: S(사회)요소

1) 섬유 · 패션산업에서의 S(사회)요소

ESG 중 사회Social요소는 임직원, 고객, 협력회사, 지역사회 등 다양한 이해관계자에 대한 기업의 권리와 의무, 책임 등이 포함되는데, 최근에는 인권, 안전·보건 등에 대한 이슈가 더욱 중요해지고 있다. 섬유·패션산업은 전통적인 노동집약적 산업인데 봉제공정에 있어 자동화에 한계가 있어, 생산원가 중 생산노동자의 인건비를 줄이고 이윤을 남기기 위해 의류 노동자에 대한 착취가 공공연하게 이루어져 왔다. 이를 위해 임금수준이 낮은 제3세계 개발도상국에 공장을 마련해 저임금 및 장시간의 열악한 노동 환경에서 제품을 생산하는 사례가 빈번했다. 이를 단적으로 보여주는 사례가 바로 2013년 방글라데시의 의류공장인 라나플라자 건물 붕괴사고다. 세계적인 SPA 브랜드들의 제품을 생산·공급하던 이 공장 노동자들은 낮은 임금을 받으면서 열악한 노동 환경 속에서 짧은 기한 내 제품을 생산해 내다 대피 시기를 놓쳐 사망하였다. 이 사건을 계기로 패스트패션 이면에 숨어 있는 저임금, 장시간 노동, 열악한 근무환경의 민낯이 드러나면서 사회적으로 패스트패션 브랜드를 비난하는 목소리가 커졌다. 의류업체들은 노동환경을 개선하고 사회문제를 해결하기 위해 앞장서는 등 변화의 노력을 꾸준히 해 나가고 있다.

기업의 공급망을 감시하는 역할을 하는 국제 비영리기구인 노더체인KnowTheChain 보고서에 따르면 의류업계 공급망에서 발생하는 공통된 인권 이슈로 성차별, 학대 등의 취약한 노동환경, 결사의 자유와 단체교섭권 부재, 고용 조건 불안정성, 부채구속, 저임금, 열악한 작업환경 등을 꼽았다. 부채구속은 근로자들이 채용 대행사로부터 일자리를 알선 받는 대가로 높은 수수료를 지불하고 이를 갚기 위해 빚을 지는 것이다. 말레이시아 의류 공장에 취업하기 위해 이주 노동자들이 지불하는 수수료는 80만 원에서 500만 원에 이른다. 한편 의류 공장 근로자 중 80% 정도가 여성인데, 높은 수준의 성차별, 성희롱, 학대가 작업장에서 꾸준히 발생하고 있지만 신고 수단 부족으로 적절히 보호받지 못하는 것으로 파악된다. 인도 의류 공장의 근로자들은 공장 바닥에서 생활하며 매일 20시간 이상 노동에 시달리는 경우도 있는 것으로 조사되었다. 이 노더체인 보고서에는 64개 글로벌 패션기업을 대상으로 공급망 인권 이슈 대응을 점수화하였는데, 룰루레몬과 아디다스는 '이주 노동자 권리보호 프로그램'과 '공급망의 책임 있는 채용 프로그램'을 운영하는 등의 성과로 최고 등급을 받았다. 반대로 프라다 등 명품 브랜드는 매우 낮은 수준으로 평가되었으며, 패스트리테일링 역시 유니클로 셔츠에 신장 위구르 지역에서 강제노동으로 생산된 신장 면화를 사용했다는 의혹으로 미국 수출 물량이 압수되는 사건이 있었는데, 이 여파로 낮은 점수를 받았다. 또한 전 세계 의류 공급망에 종사하는 근로자들은 Covid-19로부터 가장 큰 타격을 입은 직업군 중

하나라고 지적했다. 코로나 팬데믹 이전에도 의류 공급망 근로자들은 최소 임금을 받았지만, 세계보건기구 WHO가 Covid-19 팬데믹을 선언한 3개월 동안 전 세계 의류 공급망 근로자들이 최소 30억 달러(3조 2,900억 원)의 소득을 잃은 것으로 추정했다. 더불어 방글라데시, 인도 등 개발도상국에 위치한 패션업계 공급망의 근로자 중 75%가 Covid-19 가운데 대출을 받거나 빚을 진 적이 있다고 보고되었다.

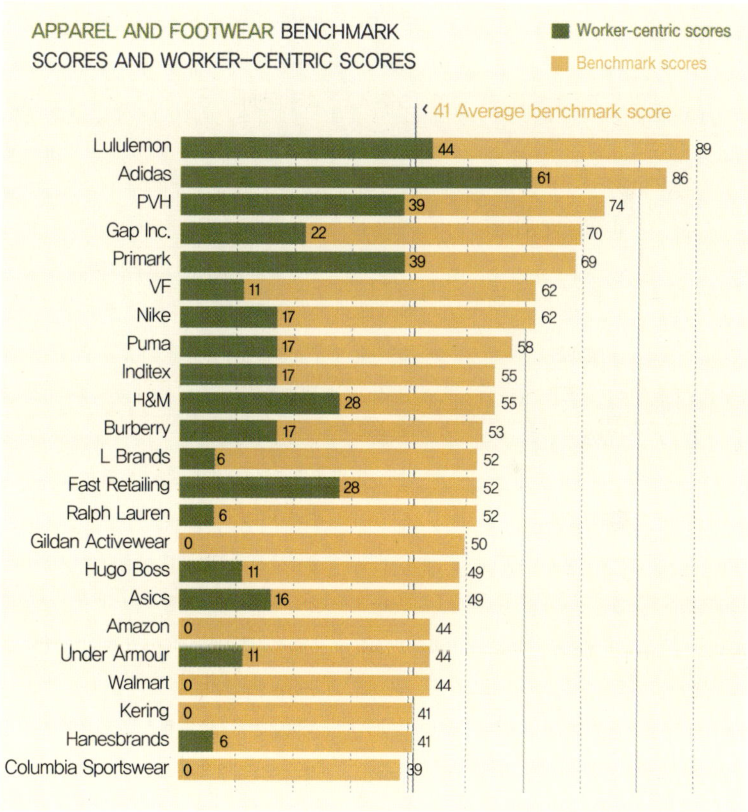

그림 3.2 KnowTheChain의 2021 Apparel & Footwear Benchmark Report

팬데믹은 빈곤, 차별, 노동권 침해, 이동 제한을 보다 극대화시켜 열악한 패션업계 공급망 환경 개선에 장애물이 되고 있다.[11,12]

이러한 이슈들이 알려지면서 소비자들 사이에서도 인권·사회·환경

표 3.2 K-ESG 가이드라인의 사회 분야 진단항목[13]

영역	범주	분류번호	진단항목
사회(S) (22개 문항)	목표	S-1-1	목표 수립 및 공시
	노동	S-2-1	신규 채용 및 고용 유지
		S-2-2	정규직 비율
		S-2-3	자발적 이직률
		S-2-4	교육훈련비
		S-2-5	복리후생비
		S-2-6	결사의 자유 보장
	다양성 및 양성평등	S-3-1	여성 구성원 비율
		S-3-2	여성 급여 비율(평균 급여액 대비)
		S-3-3	장애인 고용률
	산업안전	S-4-1	안전보건 추진체계
		S-4-2	산업재해율
	인권	S-5-1	인권정책 수립
		S-5-2	인권 리스크 평가
	동반성장	S-6-1	협력사 ESG 경영
		S-6-2	협력사 ESG 지원
		S-6-3	협력사 ESG 협약사항
	지역사회	S-7-1	전략적 사회공헌
		S-7-2	구성원 봉사참여
	정보보호	S-8-1	정보보호 시스템 구축
		S-8-2	개인정보 침해 및 구제
	사회 법/규제 위반	S-9-1	사회 법/규제 위반

출처: 산업통상자원부.

을 배려하여 생산한 제품을 선호하는 소비 행태가 확산되었다. 특히, 사회적 평등에 민감하고 지속가능발전에 관심이 높은 MZ세대(밀레니얼 세대·2030세대)들은 환경, 안전, 성차별, 동물학대 등 다양한 사회 이슈에 적극적으로 목소리를 내고, SNS를 통해 이러한 이슈에 대한 활발한 의견교환을 통해 그들의 신념과 가치관을 과감히 표현하며 이에 걸맞은 사회책임적 소비를 지향한다.

기업들이 사회책임적 요소를 관리하는 데 도움을 주기 위하여 K-ESG 가이드라인이 공표되었다. 사회Society 분야 진단항목을 살펴보면 목표, 노동, 다양성 및 양성평등, 산업안전, 인권, 동반성장, 지역사회, 정보보호, 사회 법/규제 위반 범위에 걸쳐 총 22개 진단항목으로 구성되어 있다.

2) 국내사례

영원무역의 사회공헌활동

영원무역은 사회공헌활동에 있어 리딩기업다운 면모를 보이고 있다. 해외 사업장을 설립한 국가의 문화유산 보존에 지원하고 있는데, 방글라데시의 바로사다바리Baro Sadar Bari라는 건축사적으로 중요한 문화유적을 보존하고 복원하여 해당 국가 국민의 자긍심을 높여주는 활동을 해 왔다. 또한 소외계층을 위한 기부활동에 앞장서 왔는데, 월드비전, 국제적십자사 등의 국제기구를 통해 기부한 의류는 5백만 점 이상이며, 방글라데시 여성의 사회적 지위와 인권 향상을 위한 여성교육에 지원해 왔으며, 베트남의 저소득 주민들에게 생활기반 자금을 지원

영원무역의 ESG 경영활동[15]

- 방글라데시의 작업장 및 근로자 안전을 관리하는 단체인 Alliance(현 Nirapon)와 비영리 단체인 Accord(현 RMG Sustainability Council)의 확고한 기준을 통해 공장 근로자들의 안전을 책임지고 있습니다.
- 공장 직원들의 인권과 복지, 기업의 사회적 책임을 관리하는 Better Work와 Fair Trade에 가입하여 직원들의 처우를 개선하는 데 힘쓰고 있습니다.
- SAC(Sustainable Apparel Coalition)는 지속가능한 패션산업을 영위하기 위한 비영리단체로서 생산에 대한 환경적 지속가능성을 평가하는 Higg Index Tool을 통해 점수를 받아 환경을 위한 지속적인 노력을 하고 있습니다.
- 유해 화학물질 배출을 통제하는 ZDHC(Zero Discharge of Hazardous Chemicals) Bluesign 및 REACH의 기준에 따라 자재 및 제품을 생산하고 있습니다.
- 지속가능성 관련 전반적인 의제를 다루는 유엔 글로벌 콤팩트(UNGC)에서 인권 및 노동, 환경, 반부패에 관련된 요구 기준에 맞춰 사회적 기업으로서의 투명한 기업 활동을 위해 노력하고 있습니다.
- 올바른 환경의 사육농장에서 자란 오리 및 거위, 그리고 양들의 깃털을 추적하여 제품에 정확하게 사용되었는지를 인증해 주는 Responsible Down Standard와 Responsible Wool Standard 인증서와 환경을 위해 재활용 자재를 사용하여 제품을 만들었는지 추적하는 Global Recycle Standard 및 Recycled Content Standard 인증서를 획득하여 제품을 생산하고 있습니다.
- 분쟁지역인 콩고 공화국 및 주변 7대국에서 생산된 주석, 금, 텅스텐 등의 금속 소재를 사용하지 않는 Conflict Mineral 규약을 확인하고 준수하고 있습니다.

출처: 영원무역. https://www.youngone.co.kr

해 주는 활동을 해 왔다. 이러한 기부활동에 있어 안정적 토대를 마련하기 위해 계열사인 영원아웃도어를 통해 '노스페이스 에디션'이라는 이름의 전용 매장을 운영하고 있다. 현재 전국 40여 개의 노스페이스 에디션 매장에서는 다양한 제품의 판매 수익금 일부를 국제구호개발 NGO인 월드비전과 함께 국내 위기 아동 후원과 탄자니아, 방글라데시 등의 식수 개선 사업에 사용하였다. 이를 통해 45,000여 명의 현지 주민들에게 135만 리터의 깨끗한 식수를 공급함으로써 오염된 식수로 인한 치명적 질병의 위험을 낮추고 멀리까지 물을 구하기 위해 교육기회를 포기해야 하는 아이들이 더 나은 환경에서 생활할 수 있도록 도와주었다.[14] 그 외에도 소비자의 가치소비 활동에 동참하고 있다. 전등 끄기 실천을 위한 '어스 아워Earth Hour' 캠페인에 4년 연속 동참해 지구를 위한 1시간의 선물, 환경운동 캠페인 활성화, 친환경 가치를 실천하고 있다. 서울 및 수도권 소재 주요 사업장을 중심으로 '어스 아워' 캠페인에 참여해 오고 있는데, 이를 통해 약 175 kwh의 전력을 아꼈으며, 이는 어린 소나무 약 1,050그루를 심는 것과 같은 효과를 거두었다.

코오롱FnC의 공유가치창출 활동

업사이클 브랜드로 잘 알려진 래코드를 보유하고 있는 코오롱FnC는 다양한 지속가능성 프로젝트를 진행해 왔다.[16] 코오롱스포츠는 수익금 일부로 멸종위기 동식물을 보호하는 '노아 프로젝트'를 진행하였는데, 울릉도에서만 자라는 천연기념물이자 멸종위기종인 섬개야광나무의 꽃을 작은 무늬로 담은 옷을 출시하여 멸종위기 식물에 대한 관심을 일깨웠다. '오분 리워드 캠페인'도 진행했는데, '오늘의 분리수거 앱'과 협업하여 분리수거 참여 후 쌓인 포인트를 자사의 인터넷 쇼핑몰인 '코오롱몰'에서 사용할 수 있도록 했다. 또한 '코오롱몰'에 지속가능성 카테고리 '위두weDO'를 만들고, 패션, 뷰티, 라이프스타일 등의 상품 중 친환경, 재활용, 동물복지를 지향하는 브랜드들을 포함시켰다. 여기에 포함된 브랜드 중에는 친환경 포장을 사용하는 뷰티 브랜드 '라이크 와이즈'나 '반데르피게' 등이 있고, 굿네이버스의 핸드메이드 제품 판매 조합 '메리큡'도 입점하여 친환경 화분과 과테말라 여성자립을 위한 액세서리를 판매한다. '위두' 카테고리에서 발생한 매출의 1%는 환경보호를 위한 사회적 기업에 기부하고 있는데, '수익금'이 아닌 '판매액'의 1% 기부는 기업의 지속가능성에 대한 추구 의지를 보여준다. 세계 환경의 날에는 위두 매출의 6.5%를 환경보호단체에 기부하기도 했다. 이처럼 지속가능 라이프스타일에 맞는 상품을 소개하고, 수익 일부를 다시 환경에 되돌리는 선순환 구조를 기획한 것은 의미 있는 공유가치창출Creating Shared Value: CSV 활동이라 할 수 있다. 코오롱FnC는 최고 지속가능성 책임자Chief Sustainability Officer: CSO를 두고 본격적인 ESG 경영에 속도를 내고 있다.

한세실업의 양성평등 기업문화

한세실업은 조직 내 건전하고 공정한 경쟁 분위기를 조성하기 위해서 P&CPeople & Culture 팀을 설치해 사내 양성평등 문화 육성을 장려했다. '직원이 행복한 일터'를 만들기 위해 최고 수준의 사내 어린이집을 운영 중이며, 육아휴직을 적극 보장하고 육아휴직 후 복귀 시에도 불이익이 없도록 기존 부서 복귀를 우선시한다. 이 결과 육아휴직 후 복직률은 74%에 달한다. 이러한 노력에 힘입어 여성가족부로부터 '양성평등 진흥 유공 장관 표창'을 수상했으며, CEO스코어와 사단법인 미래포럼이 발표한 '성별 다양성 지수'에서도 국내 200대 기업 중 최고점을 받았다. 또한 비영리 사단법인 위민인이노베이션Women in Innovation이 기업 내 다양성diversity, 형평성equality, 포용성inclusion 문화를 기반으로 수여하는 '양성평등 우수기업'으로 선정되었다.[17] 이는 국내 매출액 500대 기업들의 공시 자료에 나타난 고용, 근속, 급여, 임원, 등기, 직위 등 지수를 바탕으로 양성평등수준을 평가한 결과이다. 한세실업의 전체 임직원 중 여성 근로자 비율은 71%이며, 관리자 중 여성의 비율은 한국 본사의 경우 58%, 베트남 법인 65%, 미얀마 법인은 80%에 달한다. 임원 중 여성의 비율은 매출액 500대 기업 중 1위를 차지한 바 있다.

3) 국외사례

아디다스의 노동자 보호와 여성 리더십 강화 프로그램

아디다스는 해외 공장에서의 어린이 노동착취 문제에 대한 여론비판의 직격탄을 맞은 이후 1990년 말 이후부터 글로벌 공급망에서의 인권 및 노동권 보호에 대해 엄격한 규정을 제정하여, 강제노동, 아동노동, 이주민 권리 보호와 관련된 리스크를 체계적으로 관리하고 있다. 2016년부터는 공급망의 업스트림 단계이므로 보호받지 못했던 원자재 공급원에 포함된 계층의 인권과 노동권을 보호하기 위한 '현대판 노예지원 프로그램Modern Slavery Outreach Program'을 운영하기 시작했다. 강제노동, 인신매매, 노예제도를 철저히 금지하고 맞춤형 리스크 실사 프로세스, 리스크 평가, 정기 모니터링과 성과측정, 교육 및 역량 강화 프로그램을 제공한다. 강제노동에 대한 문제 인식과 개선을 위해 모든 공급업체를 대상으로 정기 워크숍을 진행하고 있다. 또한 양성평등을 위한 여성 리더십 강화 프로그램도 운영하고 있는데, 아디다스는 2016년부터 여성 임직원들을 대상으로 '여성 리더십 프로그램Women Leadership Program: WSP'을 진행하고 있다. 여성 감독자로서 전문 지식의 개발, 모범사례 교육 및 능력 향상을 위한 지원, 정보 및 지침 정보 제공 등의 내용을 다루는 이 프로그램에는 1,300여 명 이상의 여성 근로자가 참여하였다.[18]

테스코의 노동자 보호와 인재양성 프로그램

'책임 있는 소싱 네트워크Responsible Sourcing Network: RSN'는 생활용품에 사용되는 원자재 및 공급과정에서 발생하는 인권침해 및 강제노동을 종식시키고 책임 있는 공급망 연합을 구축하기 위해 투자자, 기업, 시민단체 등의 협력으로 만들어진 네트워크이다. 영국 대형 유통업체인 테스코TESCO는 RSN을 통해 전 세계 공급 국가 중 우즈베키스탄에서 매년 100만 명 이상의 시민들이 강제적으로 면화를 따거나 벌금을 내야 한다는 사실을 알게 되면서 2007년부터 당사 제품에 우즈베키스탄 면화 사용을 금지하였으며, 제품에 사용되는 원면raw cotton의 출처를 확인하도록 조치했다. 2014년에는 우즈베키스탄 정부에 강제노동을 중단하도록 압력을 가할 수 있도록 RSN의 면화서약Cotton Pledge에 서명함으로써 강제노동 금지를 위해 노력하고 있다.

한편 TESCO는 인재육성 사업에도 지속적인 지원을 해 왔는데, 청년들이 취업을 위한 능력을 개발할 수 있도록 다양한 자금지원 프로그램도 운영하고 있다. 중등 청소년들의 생활 기술 개발을 위한 어취브 클럽Achieve Club 40개의 운영 자금을 지원하고 있는데, 콘텐츠 개발과 자원봉사 기회를 제공하고 있으며, 영국 청소년들의 정신건강을 위해 영 마인드Young Mind와 협력하여 각종 프로그램을 운영하고 있는데 현재까지 4만여 명의 청소년들이 참여했다. 킥스타트 프로그램Kickstart Program은 장기실업 위험에 처한 청년들에게 고용기회를 제공하여 경력을 쌓을 수 있도록 지원하는 프로그램인데, 이 프로그램에 참여한 실업률이 높은 지역 출신 청년 900명을 매장 직원으로 채용하기도 했다.[19]

크로스트 뉴욕의 사회책임적 캠페인

크로스트 뉴욕KROST New York은 사회문제를 해결하고 시민들에게 문제의식을 고취하는 것을 목적으로 탄생한 패션 브랜드이다. 크로스트 뉴욕은 2014년 미국 플로리다주에 위치한 고등학교에서 발생한 총기 살인사건의 충격으로 생겨난 브랜드이다. 학생들이 직접 나서서 피해자들을 추모하고 자신의 삶을 지키자는 사회 운동은 크로스트 뉴욕이라는 브랜드 탄생으로 이어졌고, 의류 판매를 통해 관련 단체를 지원하고 젊은 세대와 함께 사회문제의 원인과 해결방안을 모색하고자 하는 브랜드이다. 이 브랜드는 총기사용법 개정, 기후변화, 사회적 불평등, 인종 차별 등의 문제를 다루는 비영리단체와 협력하여 캠페인을 전개해 왔다. 2019년에는 호주 산불로 인한 환경문제를 강조하기 위해 '기후변화'라는 테마를 주제로 컬렉션을 제작했으며, 호주 적십자에 수

그림 3.3 KROST New York과 FILA의 협업 컬렉션[20]

익금과 티셔츠를 대량 기부했다. 또한 굶는 아동 발생을 줄이기 위해 '노 키드 헝그리No Kid Hungry' 단체와 협업해 편안한 여름, 가을, 겨울 컬렉션을 제작하였으며, 미국 내 굶거나 제대로 된 식사를 하지 못하는 수천 명의 아동들에게 건강식을 제공하기도 했다. 글로벌브랜드 휠라FILA와 협업하여 스포츠웨어 컬렉션을 선보였는데, 이 컬렉션에는 친구friends라는 단어와 크로스트 뉴욕의 슬로건인 '너의 친구를 지지하라Support Your Friends'를 사용해 사회적 메시지를 전달한 바 있다.[21]

3. 투명한 지배구조: G(지배구조)요소

1) 섬유 · 패션산업에서의 G(지배구조)요소

지배구조Governance란 회사의 경영진과 이사회, 주주 및 회사의 다양한 이해관계자의 권리와 책임에 대한 영역으로, 이사회의 다양성, 임원 급여, 윤리경영 및 감사기구 등이 고려된다. 이사회를 얼마나 독립적이고 민주적으로 운영하는지, 회계와 공시의 투명성이 확보되는지, 주주의 권리가 잘 보호되는지, 부적절한 내부거래와 부패 행위가 없는지, 법률과 규제를 잘 준수하는지 등이 지배구조 영역의 고려요소들이다. 또한 사내 인력을 채용하고 운용하는 과정에서 부당한 차별이나 인권 침해가 발생하지 않도록 조치하는지 등이 기업 지배구조 차원의 고려 항목이다. 표 3.3에 K-ESG 가이드라인의 지배구조 분야 진단항목들을 나타내었다.[22] 또한 금융감독원 전자공시시스템에 따르면 기업 지배구조 핵심지표를 15개로 지정하고 있는데, 이는 주주 항목 4개(주주총회 4주 전에 소집공고를 실시하는지, 전자투표를 실시하는지, 주주총

표 3.3 K-ESG 가이드라인의 지배구조 분야 진단항목[23]

영역	범주	분류번호	진단항목
지배구조(G) (5개 문항)	이사회 구성	G-1-1	이사회 내 ESG 안건 상정
	이사회 활동	G-2-1	전체 이사 출석률
		G-2-4	이사회 안건 처리
	주주권리	G-3-1	주주총회 소집 공고
	윤리경영	G-4-1	윤리규범 위반사항 공시

회 집중일 이외에 개최하는지, 배당정책과 배당실시 계획을 연 1회 이상 주주에게 통지하는지), 이사회 항목 6개(최고경영자 승계정책 마련과 운영, 내부통제정책 마련과 운영, 이사회 의장과 대표이사 분리, 집중투표제 채택, 기업가치 훼손이나 주주권익 침해책임이 있는 자의 임원선임 방지하기 위한 정책 수립 여부, 6년 초과 장기 재직 사외이사 부존재), 감사기구 항목 5개(내부감사기구에 대한 연 1회 이상 교육 제공, 독립적 내부감사부서 설치, 내부감사기구에 회계나 재무전문가 존재 여부, 내부감사기구가 분기별 1회 이상 경영진 참석 없이 외부감사인과 회의 개최, 경영 관련 중요 정보에 내부감사기구가 접근할 수 있는 절차 마련 여부)로 구성되어 있다.[24]

2) 국내사례

코오롱인더스트리, 휠라홀딩스, LF의 지배구조개선 노력

기업 지배구조 공시대상인 5개 패션기업의 실적에서 기업 지배구조 핵심지표 15개 중 휠라홀딩스와 코오롱인더스트리가 가장 많은 7개 핵심지표를 준수한 것으로 나타났다. 코오롱인더스트리는 주주, 이사회, 감사기구 전 부문의 핵심지표를 준수하고 있었으며, 휠라홀딩스는 전년도에 4개 준수에 그쳤던 실적을 7개로 끌어올리며 대폭 개선된 결과를 보였다. 주당 고정 배당금 지급제에서 배당을 확대하는 방향으로 정책 개편을 하였고, 자사주 매입을 통해 주주가치 제고에 힘썼다. 휠라홀딩스는 정기주주총회부터 전자투표제를 실시하고 홈페이지 내 주주제안권을 게시하여 공정성을 강화하고 있으며, 사외이사 후보추천

위원회로 투명성을 제고시키고 있다. LF도 투명한 지배구조 구현을 위해 공시를 통해 지배구조 운영에 관한 이해관계자의 이해를 돕고 있으며, 정관, 이사회 규정 등 지배구조 관련 일체의 내부 규정을 마련하고 있다. 다양한 전문성과 배경을 갖춘 자를 이사회에 참여시켜 효율성을 제고하고, 독립성이 검증된 다수의 사외이사를 통해 경영진에 대한 견제기능을 강화하고자 노력하고 있다. 또한 여성 임원을 2016년 19%에서 2020년 43%로 증가시켜 평등한 임원구성에 앞장서고 있다.[25]

3) 국외사례

길단, OVS, M&S의 지배구조개선 노력

길단GILDAN은 캐나다 몬트리올에서 시작된 티셔츠 브랜드로 북미 지역 티셔츠 판매 1위를 차지하는 브랜드이다. 길단은 이사회 10명 중 9명은 독립적으로 운영되고 있으며, 이사회의 40%는 캐나다 고용 평등법에 정의된 '지정된 그룹'의 구성원으로 두어 평등한 지배구조를 구현시키고 있다. 직원의 53%가 단체 교섭의 대상이며, 직원의 97%가 공식 보건 및 안전 위원회를 대표한다.[26]

공급망 투명성 개선에 있어서는 이탈리아의 패스트패션 브랜드인 OVS와 영국 소매업체 체인 M&SMarks & Spencer가 대표적이다. OVS는 직접 공급업체부터 2차, 3차 공급업체의 전체 목록을 공개하고 있으며, 특히 공급업체 감사를 위해 내부 직원 40명을 임명하여 내부감사 프로세스를 체계적으로 확립하고 있다. M&S는 2014년 IT 사회적 기업 굿월드 솔루션과 공급사슬 내 근로자와 직접소통하는 노동링크Labor

Link를 개발하여 본사와 실시간 소통을 통해 예민한 노동자 이슈에 대해 익명으로 답을 받는 기술을 구현하고 있다. M&S의 공급사슬 내 근로자들은 자신의 모바일폰을 통해 힌두어, 신할라어, 또는 다른 지역 언어로 질문을 받고 터치톤 키패드로 답을 할 수 있다. M&S는 이 기술을 활용해 인도와 스리랑카 내 2,000여 명의 근로자들을 상대로 자사 Plan A(막스앤스펜서의 사회책임활동)의 일환인 금융 이해력 교육을 포함한 건강 및 영양 교육 프로그램에 대한 조사를 하였다. 이 시스템을 통해 직장 내 보건, 직업만족도 등에 대한 공급망 직원들의 피드백을 받고 있다.[27]

참고문헌

1) 박고은. (2021, 12. 4). '뜻밖의 환경오염 유발' 패션업계, 친환경 입는 속사정은? 투데이 신문. http://www.ntoday.co.kr/news/articleView.html?idxno=81883

2) 산업통상자원부. (2021, 12). K-ESG 가이드라인 v1.0.

3) 정석준. (2021, 4. 6). 알릭스파트너스(AlixPartners), 패션업계 위한 탄소 배출 감축 방안 제시. 아주경제. https://www.ajunews.com/view/20210406110149721

4) 2021 영원 ESG Milestones Achievement. https://www.youngone.co.kr/media/notice_pdf/f5e70a7f-c9e6-496c-bef8-81584dc7954b.pdf

5) 박고은. (2021, 12. 4). '뜻밖의 환경오염 유발' 패션업계, 친환경 입는 속사정은? 투데이 신문. http://www.ntoday.co.kr/news/articleView.html?idxno=81883

6) 민지혜. (2021, 3. 31). 옷 샘플 제작에 3D 기술 적용한 헤지스..."옷 낭비 줄이고 생산기간 단축" 한국경제신문. https://www.hankyung.com/economy/article/202103313572i

7) 곽은영. (2021, 3. 25). LF, 친환경 포장 시스템 '카톤랩' 도입...포장 폐기물 감량. 그린포스트코리아. http://www.greenpostkorea.co.kr/news/articleView.html?idxno=127297

8) 곽선미. (2020, 8. 13). 파타고니아, '재생 유기농 인증' 개발 참여. 패션비즈. https://m.fashionbiz.co.kr:6001/index.asp?idx=179766

9) 송창홍. (2021, 5. 11). 랄프로렌, 버려지는 물 없는 염색 공정 시스템 발표. 어패럴뉴스. http://www.apparelnews.co.kr/news/news_view/?idx=190209

10) 유미지. (2022, 5. 23). H&M, 탄소 포집 가능한 앞치마 선보여. IMPACT ON. http://www.impacton.net/news/articleView.html?idxno=4091

11) KnowTheChain 2020/2021 Benchmark. https://knowthechain.org/benchmark/

12) 김효진. (2021, 7. 12). 패션업계, 공급망 인권침해 어떻게 대처하나? 프라다 등 명품 브랜드도 소극적으로 대응. IMPACT ON. http://www.impacton.net/news/articleView.html?idxno=2120

13) 산업통상자원부. (2021, 12). K-ESG 가이드라인 v1.0.

14) 영원무역. (2022). 2021 영원 ESG Milestones Achievement.

15) 영원무역. (2022). 2021 영원 ESG Milestones Achievement.

16) 강미숙. (2021, 8. 21). '지속 가능성'의 가치를 심다. 코오롱몰 위두(weDO). 중앙일보. https://www.joongang.co.kr/article/24090326

17) 정민경. (2022, 9. 16). 한세실업, 2022 WIN 어워도 '양성평등 우수기업' 선정. 어패럴뉴스. http://www.apparelnews.co.kr/news/news_view/?idx=200539

18) 전국경제인연합회, 김앤장. (2021). 글로벌 기준으로 본 ESG 경영사례집.

19) 전국경제인연합회, 김앤장. (2021). 글로벌 기준으로 본 ESG 경영사례집.

20) 강기향. (2022, 2. 16). 사회적 문제를 해결하는 패션 브랜드 크로스트 뉴욕, 필라와 손잡고 협업 컬렉션 공개. DESIGNDB. https://designdb.com

21) 강기향. (2022, 2. 16). 사회적 문제를 해결하는 패션 브랜드 크로스트 뉴욕, 필라와 손잡고 협업 컬렉션 공개. DESIGNDB. https://designdb.com

22) 조윤주. (2020, 7. 10). 패션업계 기업지배구조 핵심지표 준수 코오롱인더스트리 '최다'. 소비자가 만드는 신문. https://www.consumernews.co.kr/news/articleView.html?idxno=608276

23) 조윤주. (2020, 7. 10). 패션업계 기업지배구조 핵심지표 준수 코오롱인더스트리 '최다'. 소비자가 만드는 신문. https://www.consumernews.co.kr/news/articleView.html?idxno=608276

24) 산업통상자원부. (2021, 12). K-ESG 가이드라인 v1.0.

25) 2019길단스포츠 지속가능경영보고서. https://gildancorp.com/en/responsibility/respect-for-transparency/esg-reports/#

26) 미디어SR. (2013, 9. 24). 공급사슬 근로자들과 직접 소통하는 M&S. 데일리임팩트. https://www.dailyimpact.co.kr/news/articleView.html?idxno=6303

Chapter 4
ESG Index and Certification
of the Textile · Fashion Industry

섬유 · 패션산업의 ESG 지표와 인증

1. 글로벌 이니셔티브와 ESG 평가 지수
2. ISO 인증 시리즈
3. ESG 경영 평가

Chapter 4
ESG Index and Certification of the Textile·Fashion Industry

전 세계적으로 ESG 경영 요구가 강화되면서 기업의 ESG 경영성과를 객관적으로 평가하기 위한 지표와 인증들이 개발·소개되어 왔다. 다양한 글로벌 이니셔티브와 평가기관들이 ESG 지표와 인증을 개발하여 보급하고 있는 가운데 전 산업을 대상으로 보편적으로 적용 가능한 ESG 지표와 인증이 있다. 또한 섬유·패션산업의 특수성과 산업적 이슈를 고려하여 섬유·패션산업에 집중된 ESG 평가 지수들도 개발되고 있다. 우리나라는 글로벌 이니셔티브들의 ESG 지표를 기반으로 우리나라의 실정과 조사자료에 적합하도록 이를 보완한 K-ESG 가이드라인을 발표한 바 있다. 이러한 ESG 평가 인증과 여기에 사용되는 지표들은 더욱 다양화되고 정교화될 것이다.

이 장에서는 섬유·패션산업을 위한 ESG 지표와 인증을 소개한다. 먼저 〈1. 글로벌 이니셔티브와 ESG 평가 지수〉에서는 다양한 글로벌 이니셔티브를 소개하고 이들이 제시하는 ESG 평가 지수에 대한 정보를 제공한다. 다음으로 〈2. ISO 인증 시리즈〉에서는 오랫동안 국제사회의 표준이 되어온 ISO의 인증들 중 ESG의 각 요소에 해당하는 인증들을 소개한다. 아직까지 국제적으로 통일된 ESG 지표가 없는 만큼 ISO 인증은 현재 기업의 ESG 경영실행을 위해 필수적으로 취득해야 하는 국제 인증으로 여겨지고 있다. 마지막으로 〈3. ESG 경영 평가〉에서는 다양한 설립 배경을 가진 국내외 ESG 평가 기관들과 이들이 제시하는 지수의 특징을 알아본다.

1. 글로벌 이니셔티브와 ESG 평가 지수

섬유·패션산업은 모든 산업을 통틀어 가장 복잡한 구조 중 하나를 가지고 있다. 옷 한 벌은 소비자가 구매하기까지 약 수천 마일을 이동하기 때문이다. 옷 한 벌에는 환경파괴 가능성부터 노동착취 문제까지 다양한 이슈가 녹아 있다. 의류 공급망은 여러 나라와 지역에 걸쳐 있는 다양한 협력사 네트워크를 기반으로 구축되며, 공급망의 여러 문제를 해결하기 위해서는 이니셔티브의 필요성이 어떤 산업보다 더 높다.

1) Sustainable Apparel Coalition(SAC)

지속가능의류연합Sustainable Apparel Coalition: SAC은 전 세계 관련업체 등 약 250여 회원사를 둔 연합단체로 패션 브랜드, 리테일러, 섬유의류 제조업체들로 구성돼 있다. 전 세계 의류, 신발, 텍스타일 제품 제조 공급망에서의 지속가능한 미래를 위한 혁신을 도모하고자 각국 정부, 비영리 환경단체, 학술기관까지도 회원사로 가입시키고 있다.[1] SAC은 지속가능성 측정 지수인 히그지수Higg Index를 개발하여 사용하고 있다. 히그지수는 패션산업에서 불필요한 환경영향을 최소화하고, 관련된 공동체와 사회에 긍정적 영향을 주기 위해 설립된 시스템으로, 모든 생산단계(원료-생산-브랜드-판매-사용-폐기까지의 전 과정)에서 발생하는 환경영향을 수치화한다. 패션기업들은 히그지수를 사용해 특정 제품이 생산되는 과정에서 기존 제품보다 얼마나 적은 물을 사용하였는지, 기후위기에 미치는 영향은 얼마나 감소하였는지 표시한다. 이 연합은 매년 기업별 히그지수를 평가하고, 이를 통해 기업 모니터링을 한다. 히그지수는 패션업계에서 지속가능성을 측정하는 글로벌 기준으로 자리잡고 있으며, 자원 사용, 노동 형평성 및 환경 영향을 폭넓게 다루는 인증 가능한 표준으로써 패션산업에서 널리 적용되고 있다.[2,3]

2) Fashion Revolution

패션레볼루션Fashion Revolution은 2013년 4월 방글라데시 라나플라자 공장 붕괴사고 이후 패션 공급망의 투명성을 알리기 위해 만들어진 비영리 단체이다. 환경 정책, 추적 가능성, 정책과 실행 등 5가지 투명성 척도를 설정해 연간 총 수익이 4억 달러(약 4,900억 원) 이상인 250개 글로벌 리딩 브랜드의 정보를 분석하여 공급망 투명성 조사 결과를 발표한다. 이 패션투명성지수Fashion Transparency Index는 직원과 파트너의 생계에 대한 책임감이 반영된 비즈니스 모델을 가지고 있으며, 낭비와 환경오염원을 제거하기 위해 생산·소싱·공급망 문제해결에 앞장서고, 의류의 사용·생산·구매 방식 등에서 창의적인 사고를 가진 브랜드인지 평가하기 위해 개발하였다. 이 지수는 세계 최대 패션 브랜드가 사회적·환경적 노력에 대해

더 투명하도록 장려하는데, 이러한 투명성은 글로벌 패션산업의 체계적인 변화를 달성하는 데 필수적이다. 패션투명성지수는 5개 핵심 영역의 246개 지표에 걸쳐 인권 및 환경 문제, 임금(근로자 수 공개, 임금체불 등), 구매관행(공급업체 비용지불기간 등), 기후위기 대응, 공급망 추적성(원부자재 정보공개, 가공시설 등) 등을 반영한다. 패션레볼루션이 2016년 첫 번째 지수를 발표했을 때 40개 주요 브랜드 중 5개(12.5%)만 공급업체를 공개했지만, 현재는 그 수치가 크게 늘어 250개 주요 브랜드 중 121개(48%)가 공급업체를 공개했다.[4]

표 4.1 2020년 패션투명성지수 순위[5]

2020 패션투명성지수	브랜드	ESG 주요 내용
73%	H&M	재활용 시스템 운영, 다양성 포용, 공정한 작업 환경
70%	C&A	탄소절감 소재, 지역사회 지원
69%	Adidas	2024년까지 100% 리사이클 폴리에스터 사용
64%	Esprit	순환제품 추구, 책임감 있는 생산, 제품 수명 연장
60%	M&S	탄소발자국, 물 이력추적, 폐기물 감소, 사회와 지배구조 변화
60%	Patagonia	재료 및 환경, 사회적 책임 프로그램
59%	VFnCorp	순환 비즈니스 모델의 상업화, 근로자와 지역사회 개선
57%	Puma	2025년까지 10가지 목표, 환경, 건강, 안전, 인권 문제 개선
55%	Asos	디자이너 지속가능성 교육 지원
55%	Nike	친환경 재료, 기후변화, 순환성, 제품 수리

51-60%		61-70%		71-80%	
C&A	59	H&M	66	OVS	78
Gucci	59	The North Face	66	Kmart Australia	78
Puma	58	Timberland	66	Target Australia	78
Dressmann	57	Vans	65		
Zeeman	57	United Colors of Benetton	63		
Calvin Klein	56	Gildan	62		
Esprit	56				
Tommy Hilfiger	56				
UGG	56				
Calzedonia	54				
Intimissimi	54				
Tezenis	54				
Converse	53				
Jordan	53				
Nike	53				
Fendi	53				
Lululenon	52				
adidas	51				
ASOS	51				

그림 4.1 패션투명성지수 51% 이상의 패션 브랜드(2022)[6]
출처: Fashion Revolution. https://transparency.fashionrevolution.org

↓ LOWEST SCORING BRANDS IN 2022 (%)

Belle	0	Heilan Home	0
Big Bazaar - ffb	0	Max Mara	0
Elie Tahari	0	Semir	0
Justfab	0	Tom Ford	0
K-Way	0	Fashion Nova	0
KOOVS	0	New Yorker	0
Metersbonwe	0	Jil Sander	0
Mexx	0		
Splash	0		
Youngor	0		

그림 4.2 패션투명성지수 최저 지수 브랜드[7]
출처: Fashion Revolution. https://transparency.fashionrevolution.org

3) The Fashion Pact

프라다, 구찌, 발렌시아가, 버버리, 랄프로렌, 에르메스, 칼 라거펠트, 살바토레 페라가모, 조르지오 아르마니 등 메가 브랜드에서부터 글로벌 스포츠 브랜드 아디다스, 나이키, 푸마, 그리고 SPA 브랜드인 ZARA, H&M에 이르기까지 150여 개 브랜드들이 '더 패션 팩트The Fashion Pact'라는 이름으로 2019년 발표한 지속가능패션협약이다. 이는 패션산업이 환경에 미치는 문제를 인식하고, 단계적으로 지속가능한 패션 브랜드가 되기 위한 방향성을 제시하기 위하여 제정되었다. 기후변화 문제를 위한 구체적인 노력으로 온실가스 감소, 생태계 복구, 해양 보호, 플라스틱 사용 금지 등을 제시하고 있다. 실행목표는 의류영향연구소Apparel Impact Institute, C&A 재단C&A Foundation, 엘렌 맥아더 재단Ellen MacArthur Foundation, 페어 패션 센터Fair Fashion Center, 패션포굿Fashion For Good, 지속가능의류연합Sustainable Apparel Coalition, 섬유거래소Textile Exchange, 유엔 기후변화협약United Nations Framework Convention on Climate Change: UNFCCC, UN 국제노동기구/베터워크UN International Labour Organization/Better Work, ZDHC 등의 기존 이니셔티브 내용을 기반으로 구축되고 있다.[8]

4) Circular Fashion Partnership(CFP)

순환 패션 파트너십Circular Fashion Partnership: CFP은 2016년 패션의 지속가능성을 위한 산업협력을 촉진하기 위해 시작된 리더십 포럼인 글로벌패션어젠다Global Fashion Agenda에서 제안된 파트너십이다. 이는 유엔의 지속가능발전목표 중 12번 목표인 '지속가능한 생산과 소비'를 중심으로 순환경제에 초점을 맞춘 것이다. CFP에는 패션 브랜드뿐만 아니라 섬유 및 의류 제조업체, 리사이클업체 등도 참여시켜 업체 간에 원활한 순환 작업과 더불어 상업적 협업을 촉진할 수 있도록 한다. CFP에 참여하는 업체들은 생산과정에서 발생하는 의류 폐기물 또는 버려지는 재고를 파악하여, 리사이클업체를 통해 새로운 패션 제품으로 전환해 나간다. H&M과 M&S를 포함한 30개 이상의 글로벌 패스트패션 기업들은 CFP 참여를 공식화하고 의류 생산의 폐기물 축소 및 순환 시스템으로 전환해 친환경에 앞장서겠다고 약속했다. 이는 환경오염의 주범자라는 오명을 안고 있는 패스트패션 기업들이 순환 패션 파트너십을 맺고, 폐기 의류를 재활용하고 더 나아가 재활용 시장을 활성화시켜 개발도상국의 경제 활성화에 기여하려는 의지를 반영한다. 전통적인 패션산업의 선형 비즈니스 모델인 '자원채취Take-대량생산Make-폐기Disposal'의 흐름을 탈피하여 재활용을 통한 자원사용 기간을 늘리자는 것이다. 코로나 팬데믹으로 인해 재택근무가 증가하고 사람 간의 교류가 줄어듦에 따라 이례적으로 높은 재고 누적에 직면한 패션업계는 CFP을 통해 폐기가 아닌 자원을 선순환시킬 수 있는 해결책을 지속적으로 찾아 나갈 방침이다.[9,10]

5) Worldwide Responsible Accredited Production(WRAP)

국제윤리적제조인증Worldwide Responsible Accredited Production: WRAP 프로그램은 의류, 신발 및 액세서리와 같은 직물 제품 제조업체를 대상으로 한 세계 최대의 작업장 기반 인증 프로그램이다. WRAP 프로그램은 전 세계에 걸친 작업장이 안전, 보건, 법준수 시스템을 갖추고 인도적이고 윤리적인 제조 공정을 가동하고 있는지를 확인하는 인증제도이다. WRAP 심사는 전체 생산공정을 검사하여 12개 WRAP 원칙(법률 및 직장 규정 준수, 강제노동 금지, 아동노동 금지, 폭력 및 학대 금지, 법률상 요구되는 보상과 혜택, 법정 근로 시간, 차별 금지, 보건 및 안전, 결사 및 단체 교섭의 자유, 환경, 관세 준수, 보안)을 잘 준수하고 있는지 확인함으로써 소비자에게 제품이 윤리적으로 생산된다는 점을 확인시킨다. WRAP 프로그램을 통해 노동자의 공정하고 인간적인 대우보장 및 공정한 고용주로서 브랜드의 평판 향상, 작업장뿐 아니라 산업활동에 있어서 보건안전 위험 감소, 직원 참여도 향상 및 생산성 증대 등의 다양한 효과를 기대할 수 있다.[11]

6) Better Cotton Initiative(BCI)

더나은면화이니셔티브Better Cotton Initiative: BCI는 21개국에 걸쳐 목화 농장의 더 나은 기준과 관행을 촉진하는 비영리적 이해당사자 거버넌스 그룹이다. 전 세계적 환경보호 계획의 일환으로 원면 경작 시 환경에 미치는 영향을 최소화하고, 생산자 지역사회의 생활개선을 지원하는 비영리단체로, 지속가능한 면화 생산이라는 큰 목표를 가진다. 면 경작 시에 사용되는 독한 농약과 살충제 사용을 최소화하고 부당한 노동력과 아동노동을 방지하며, 원면 공급사슬의 투명성을 증진하고자 노력한다. 파트너로는 H&M, Gap, IKEA, Levi Strauss 등의 글로벌 브랜드들이 있으며, 미국의 비군사적 대외 원조 프로그램인 미국 국제개발처United States Agency for International Development: USAID의 자금조달 파트너도 포함되어 있다. 2017년 말 BCI는 브랜드 회원 85명, 공급업체 및 제조업체 회원 1,039명, 생산자 조직 회원 32명, 시민사회 회원 31명, 준회원 12명 등 총 1,197명의 회원이 가입했다. BCI는 더 나은 물 사용에서의 지속가능성과 지속가능한 농업의 실현을 위한 국제연합United Nations의 목표에 기여하고 있다.[12]

7) Zero Discharge of Hazardous Chemicals(ZDHC)

유해화학물질 제로배출협회Zero Discharge of Hazardous Chemical: ZDHC는 공급망에서 위험 화학물질들을 줄이거나 이를 안전한 물질로 대체하기 위해 제조 제한 물질 목록Manufacturing Restricted Substances List: MRSL을 개발하여 의류, 가죽, 신발 등의 섬유 원료와 부자재를 제조하는 과정에서 사용할 수 없는 유해물질들을 규정하고 있다. 이 협회에는 아디다스, 나이키, 푸마, H&M, M&S, Inditex 등 글로벌 의류 브랜드와 섬유패션 제조기업들이 참여하고 있다. ZDHC는 화학제품, 첨가물질, 생산 시 사용되는 용수와 폐수, 완제품에 이르기까지 모든 생산공정에서 배출되는 유해화학물질들을 다루고 있으며, 지속가능한 화학공정의 모범 사례를 제공하고 생산자와 소비자, 환경 모두를 보호하는 것을 그 목적으로 한다.[13]

2. ISO 인증 시리즈

1) 환경: ISO 14001

ISO 14001(환경경영시스템: Environmental Management Systems, EMS)[14]

ISO 14001은 국제표준화기구International Organization for Standardization: ISO에서 제

정·공표한 친환경적 경영체제에 관한 국제표준규격으로, 모든 산업 분야 및 활동에 적용할 수 있는 환경경영시스템Environmental Management Systems: EMS에 관한 인증이다. 환경경영은 환경적으로 건전하고 지속적인 발전을 위하여 환경에 나쁜 영향을 줄일 수 있는 활동을 줄이고, 제품 및 서비스와 관련한 경영 전반의 제반 활동 시 환경 방침을 잘 실행하고 검토하며, 유지관리를 잘하는 것을 의미한다. 기업은 환경경영시스템을 통해 기업경영의 환경 측면을 체계적으로 식별, 평가, 관리 및 개선함으로써 환경에 미칠 수 있는 위험성을 효율적으로 관리할 수 있다. ISO 140001 인증은 환경에 대한 부하를 가능한 줄일 수 있도록 배려한 시스템, 즉 환경경영시스템에 대하여 ISO 인증심사기관이 심사·인증해 주는 제도이다. 따라서 이 인증 획득은 방류수 수질, 시설물 운영, 조직 등 환경과 관련한 모든 기업활동을 국제 기준에 맞게 실행한다는 뜻이다. 인증을 취득한 기업은 폐기물 및 에너지 소비 최소화를 통해 비용을 절감할 수 있을 뿐만 아니라 환경사고의 사전 예방 및 최소화, 환경성과 개선, 그린기업 이미지 획득, 국제적 신뢰 구축을 통한 대외 무역장벽 극복 등의 효과를 얻을 수 있다.

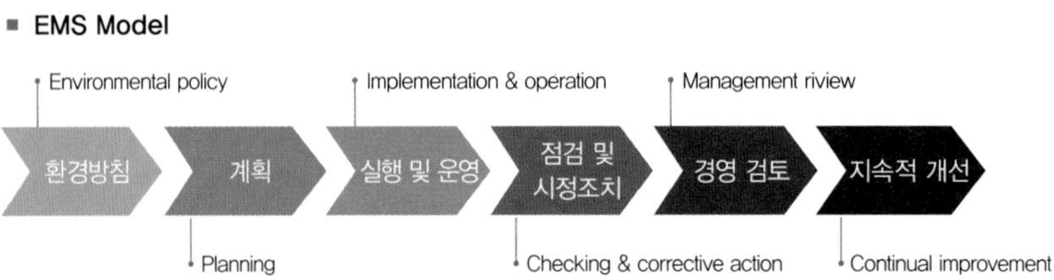

그림 4.3 환경경영시스템 모델[15]
출처: 한국표준협회. https://www.ksa.or.kr

2) 사회: ISO 26000, ISO 45001

ISO 26000(사회적 책임에 관한 가이드라인: Guidance on Social Responsibility)[16]

빈곤과 불평등에 대한 국제사회의 문제해결, 경제성장과 개발에 따른 지구환경 위기 대처 및 지속가능한 생존과 인류번영을 위해 새로운 패러다임이 요구되면서 개발 논의가 시작되었다. ISO 26000은 2004년 표준개발이 결정되어 2010년에 개발된 사회적 책임에 관한 국제표준이다. ISO 26000의 7대 원칙은 책임성, 투명성, 윤리적 행동, 이해관계자의 이익 존중, 법규 준수, 국제 활동 규범존중, 인권 존중이며, 핵심 주제는 조직 거버넌스, 인권, 노동 관행, 환경, 공정 운영 관행, 소비자 이슈, 지역사회 참여와 발전이다. ISO 26000은 기업이 사회적 책임을 이행할 때 어떠한 활동을 해야 하고 어떠한 의식을 가져야 하는지에 대해, 기업을 포함한 모든 관련 조직들에게 명확한 지침을 제공하기 위해 개발되었다. ISO 26000은 기업이 반드시 준수해야 할 표준이라기보다는 따라야 할 가이드라인이다. 따라서 조직이나 기업의 사회적 책임 활동 또는 프로그램이 이 가이드라인을 준수할 것인지 여부는 각 조직이나 기업의 결정에 따른다.

ISO 45001(근로자 보건과 안전관리: Occupational Health and Safety Management)[17]

ISO 45001은 작업자 안전을 위한 실용적인 솔루션을 제공하는 산업보건 및 안전관리 경영시스템의 국제표준이다. 이는 모든 산업의 전 세계 공급망에 제품을 공급하는 계약자 및 하도급업자가 사용할 수 있는 근로자 안전 표준을 제공한다. 안전보건 문제에 대한 이해관계자의 관심이 증가하면서, 근로자의 건강과 안전에 대한 조직의 책임도 더욱 강조되고 있다. 기업이 독자적으로 안전보건에 대해 검토하거나 심사하는 방식은 이해관계자들의 신뢰를 얻기 충분하지 않기 때문에, 전 세계적으로 통용되는 ISO 45001 표준을 적용하여 관리함으로써 근로자의 보건과 안전에 대한 책임을 충분히 잘 이행하고 있음을 증명해야 한다. ISO 45001 인증 취득을 통해 기업은 사업장 자율 안전보건 관리시스템의 구축 및 지속적 개선 추구, 안전보건 리스크를 정량적으로 평가하여 안전보건 관련 사고에 대한 예방대책 마련, 안전보건과 관련된 법적 요건 및 요구사항을 고려한 체계적인 프로세스 수립, 재해율 및 작업손실률 감소를 통한 생산성 향상, 작업장 환경개선에 따른 불량률 감소, 근로자를 포함한 모든 조직 내 구성원이 안전보건과 관련된 문제해결에 적극적으로 참여하도록 보장하는 등의 효과를 기대할 수 있다.

3) 지배구조: ISO 37001

ISO 37001(반부패경영시스템: Anti-bribery Management Systems)[18]

1966년 미국의 해외부패방지법Foreign Corrupt Practices Act: FCPA, 2010년 영국의 뇌물법Bribery Act 등이 발표되면서 전 세계적으로 부패에 대한 부정적인 인식이 확산되었다. 이에 ISO는 2016년 전 세계의 37개 국가가 정회원으로 참여하고 매년 국가별 부패관련지수를 발표하는 국제투명성기구Transparency International 및 경제협력개발기구Organization for Economic Cooperation and Development: OECD와 협력하여 부패방지경영시스템의 국제표준 가이드라인으로 ISO 37001을 채택·공표하였다. ISO 37001은 반부패와 관련된 국제 모범관행을 반영하고 있어 모든 사법권에서 적용 가능하고 조직의 분야(공공, 민간, 비영리 등)와 규모(중소기업, 대기업 등)에 관계없이 모든 조직에 적용이 가능하다.

부패행위는 모든 조직의 존립과 성장에 심각한 위협요소이다. 최근 UN과 OECD는 부패행위를 단속하기 위해 각각 반부패 협약과 뇌물방지 협약을 제정하였으며, 이와 함께 41개국이 반부패 관련법을 제정하였다. 우리나라에서도 부패방지법, 청탁금지법(김영란법) 등을 제정하여 반부패 행위에 대해 법적으로 강력히 처벌하고 있다. 국가별로 반부패 관련법에 따라 조직의 대표자가 뇌물을 주거나 받은 것으로 확인된 조직에는 막대한 재정적 처벌이 부과될 뿐 아니라 이 조직의 임원들도 민사 또는 형사적 책임을 져야 한다. 반부패 관련법 제정이 확산되면서 ISO 37001 가이드라인을 따라 반부패경영시스템을 구축하고 이에 대한 인증을 획득하려는 조직이 빠르게 증가하고 있다.

ISO 37001 도입을 통해 얻게 되는 효과는 첫째, 대내외 이해관계자들에게 조직이 글로벌 기준에 따라 강력한 컴플라이언스 시스템을 갖추고 사회적 책임을 다하고 있다는 것을 보여줌으로써 신뢰를 얻게 된다. 둘째, 부패로 인해 발생할 수 있는 경영상의 리스크를 사전에 예방할 수 있게 된다. 이는 부패방지를 위해 조직이 주의와 노력을 기울였고, 적절한 절차가 수립되어 있음을 입증할 수 있기 때문이다. 마지막으로는, 올바른 반부패 문화의 확산에 따라 조직 구성원 모두가 기업의 부패를 모니터링할 수 있게 되며, 이를 통해 리스크 관리가 가능하게 된다.

3. ESG 경영 평가

1) 글로벌 평가 지수

투자자 측면에서는 투자대상 기업을 정확히 파악하고 이를 투자의사결정에 반영하기 위해 기업의 ESG 경영 수준을 평가항목에 포함시키는 것이 일반적이다. 기업의 미래가치를 평가하여 주가에 면밀히 반영해 온 글로벌 시장에서는 다양한 기관들이 개발한 평가 지수들이 활용되고 있다. 그 중 DJSI, MSCI 지수, EcoVadis 평가, FTSE4Good 지수, Sustainalytics 등이 있다. 이 외에도 CDPCarbon Disclosure Project, ISSInstitutional Shareholder Service 등 ESG와 관련된 평가결과를 제공하는 다양한 기관들이 있다. 이러한 기관의 지수들을 바탕으로 전 세계 다양한 기업들의 ESG 경영 수준을 평가함으로써 장기적 안목에서의 기업의 투자가치를 판단하고 있다.

(1) 다우존스 지속가능성 지수(DJSI)

DJSIDow Jones Sustainability Indices[19]는 미국 금융정보사 스탠더드앤드푸어 다우존스S&P Dow Jones와 스위스 투자평가사 로베코샘RobecoSAM이 1999년 공동 개발한 평가지표로, 매년 전 세계 2,500개 시가총액 상위 기업을 대상으로 이 지표를 적용하여 지속가능성 평가를 시행하고 있다. 기업의 지속가능성을 평가함에 있어 기업의 가치를 재무적 정보와 함께 사회적·환경적 성과와 가치를 종합적으로 평가하는 글로벌 평가 모형이다. 시가총액 2,500개 기업 중 DJSI 평가 상위 10%에 해당되는 기업들은 DJSI월드DJSI World에 편입되었다는 인증을 받는다. 국내 조직 평가를 위하여 2009년부터 한국생산성본부Korea Productivity Center: KPC와 S&P Dow Jones가 함께 DJSI Korea를 개발·적용하고 있으며, 국내 시가총액 상위 200대 기업을 대상으로 DJSI Korea를 기준으로 평가한 결과를 매년 공개하고 있다.

패션업계에서는 몽클레르Moncler가 전 세계 및 유럽 DJSI 평가에서 3년 연속 섬유·의복 및 명품산업 분야에서 최고점을 기록하였다. 몽클레르는 '몽클레르 본 투 프로텍트Moncler Born to Protect'라는 전략적 지속가능성 계획과 5개 전략적 추진항목을 가지고 지속가능성 추구에 노력해 왔다. 환경영향이 적은 소재를 개발하고 재활용 소재를 적극 사용하여 탄소배출을 줄이는 등 지속가능성을 사업 철학 중 하나로 융합시키려는 노력을 지속 중이다.[20]

(2) 모건스탠리 캐피털 인터내셔널(MSCI) 지수

MSCIMorgan Stanley Capital International 지수는 주식 포트폴리오 분석 도구를 제공하는 주가지수 산출기관인 MSCI에서 투자자를 위해 제공하는 ESG 경영 평가 방법으로, ESG 공시자료 및 관련 리스크를 바탕으로 우수Leader, 평균Average, 미흡

Laggard 수준으로 평가한다.[21] MSCI는 1999년부터 ESG 경영 평가 결과를 제공해 왔으며, 초기에 ESG 분야를 개척한 RiskMetrics, Innovest, KLD 등을 인수합병해 2011년부터 투자자들을 위한 ESG 리서치를 독자적으로 제공하고 있다. ESG 영역별 10개 주제, 35개 핵심이슈를 평가하여 AAA~CCC의 7개 등급으로 평가 결과를 부여한다. 거버넌스 평가에 가중치가 높으며, 전체 평가 등급 외에 ESG 영역별 등급도 별도로 부여하고 있다.

섬유·패션부문에서는 렌징 그룹Lenzing Group이 2021년 'AA' 등급을 받았으며 세계 특수섬유 업계 상위 6%에 편입되었다. 렌징 그룹은 기후변화에 대한 대처, 순환경제 보급에 관한 접근, 거버넌스 체제의 우수성을 높게 평가받았다. 과학에 근거한 목표를 설정하고 기후변화가 가져오는 문제에 적극 대응하고 있는데, 2050년까지 탄소중립을 목표로 중국과 인도네시아 공장들에서 탈탄소화를 진행해 나가고 있다.[22]

(3) 에코바디스(EcoVadis) 평가

에코바디스EcoVadis는 글로벌 공급업체의 환경 및 사회적 성과를 평가할 수 있도록 하는 최초의 지속가능성 평가 협업 플랫폼으로 2007년 개설되었다. 현재 전 세계 160개국, 75,000개 이상의 기업들이 이 평가 플랫폼을 활용하고 있다. 글로벌 클라우드 기반 SaaS 플랫폼을 통해 ESG 평가 서비스를 제공하는 기관으로 기업들이 거래업체의 평가를 의뢰하고, 거래업체의 퍼포먼스를 관리하며, 지속적인 개선을 추진하는 목적으로 활용하고 있다. EcoVadis 평가는 기업의 사회책임성 관련 4가지 주제인 환경, 노동 및 인권, 윤리, 지속가능조달을 포함한 광범위한 비금융 관리시스템을 대상으로 하며, 수준에 따라 메달 등급(브론즈, 실버, 골드)이 부여된다. 국내 섬유·패션산업에서는 2021년 코오롱인더스트리와 효성첨단소재가 심사대상 중 상위 5%에만 부여하는 골드 등급을 획득했으며, 글로벌 섬유기업 렌징 그룹은 상위 1%의 기업에게 부여되는 플래티넘 메달 등급을 획득했다.[23]

(4) FTSE4Good Index(사회책임투자지수)

FTSE4Good Index[24]는 영국 파이낸셜타임즈Financial Times와 런던증권거래소LSE가 공동으로 설립한 회사인 FTSE 그룹이 개발한 사회책임지수 중 하나이다. 이는 FTSE 선진국 지수에 편입된 기업을 대상으로 적용하여, 기업의 사회책임에 대한 이행수준을 평가한다. 이는 DJSI, MSCI 지수와 함께 3대 ESG 지수로 꼽히며, 유럽 시장을 대표하는 지수로 여겨진다. FTSE4Good Index는 환경, 사회, 지배구조라는 3가지 큰 축을 다시 14개로 분류한 뒤 다시 각 분류에 속하는 300여 개의 세부 항목으로 평가한다. 환경 항목은 공급망의 환경영향, 기후변화, 수자원 활용, 생물다양성, 자원 활용과 오염 등으로 이루어져 있다. 사회 항목은 고객에 대한 책임, 인권과 공동체, 노동 기준 준수, 건강과 안전, 공급망의 사회적 영향 분야로 이루어져 있다. 지배구조 항목은 기업의 지배구조, 위기관리, 투명한 세금 납부, 부정부패 타파로 이루어져 있다. 점수는 각 부문별로 0~5까지 점수화해 결과를 산출하며, 피평가기업이 각 평가항목과 관련된 정도에 따라 가중치가 부여된다. 또한 평가항목 중 일부 부문에서 기준에 미달되면 지수 편입에서 제외된다. 패션기업 중 H&M은 8년 연속 편입되어 있으며 2020년에는 70점(100점 만점)으로 4위를 차지했다. 인권, 환경 리포팅, 사회 리포팅 및 공급망 관리에서 높은 점수를 받았으며, 유니클로UNIQLO의 모기업 패스트 리테일링Fast Retailing Co., Ltd.도 2017년부터 편입되었다.

(5) SUSTAINALYTICS

서스테이널리틱스Sustailnalytics는 환경, 사회 및 기업 지배구조 성과를 기준으로 상장기업의 지속가능성을 평가하는 기관으로, 전 세계 4만 개 기업의 데이터와 2만 개 기업의 ESG 평가 등급을 제공하고 있다. 공개된 기업 정보를 기반으로 ESG 리스크가 기업의 재무가치에 미치는 영향을 측정하며, 평가 결과는 0~50 사이 점수와 리스크 등급으로 제시되는데, 점수가 높을수록 기업의 ESG 리스크가 크다는 것을 의미한다. Sustainalytics의 ESG 리스크 평가체계는 1) 거버넌스, 2) 산업별 중대 ESG 이슈, 3) 기업별 기타 ESG 이슈로 구성되어 있으며, 산업별로 70개 이상의 평가항목을 사용하고 있다. 패스트패션 기업 OVS는 2020년 대비 평가점수가 44%

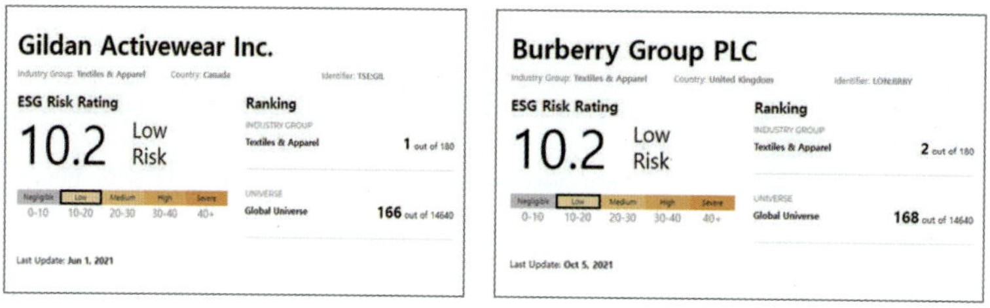

그림 4.4 Sustailnalytics 2021년 어패럴부분 1위 점수[25]
출처: Sustailnalytics, https://www.sustainalytics.com

증가하여 1위를 차지했으며, 원부자재 공급업체 공개 및 임금지급 공급망과 근로자 수 면에서도 1위를 차지했다.

2) 국내 평가기관

글로벌 평가기관의 평가지표가 글로벌 스탠다드를 지향하다 보니 국가별 특성을 반영하지 못하는 한계가 있다. 한국의 법제도 환경이나 기업경영 환경을 고려하여 국내 기업의 ESG 경영 수준을 정확하게 반영하기 위해 한국 평가기관에서 개발하거나 보완한 지수들이 사용되고 있다. ESG 경영 평가는 기업의 공시정보 등을 기반으로 하므로 국내 ESG 경영 평가기관의 평가체계에 대해 살펴볼 필요가 있다.[26]

(1) 한국ESG기준원

한국ESG기준원Korea Institute of Corporate Governance and Sustainability: KCGS은 한국기업지배구조원Korea Corporate Governance Service: KCGS의 변경된 명칭으로, 한국의 대표적인 ESG 평가전문기관이다. 국내 상장기업의 지속가능경영 수준을 점검하고, 지속가능경영 개선을 위해 기업이 평가정보를 잘 활용할 수 있도록 지원하기 위해 설립된 기관이다. 2003년 지배구조 평가를 시작으로, 2011년부터 환경 및 사회 부문을 추가하여 ESG 전 영역에 걸친 통합평가를 수행하고 있으며, 매년 900여 개의 상장회사를 대상으로 평가를 진행한다. 한국ESG기준원은 총 18개 대분류와 281개 핵심평가항목으로 평가하며, 기본평가는 기업 특성별로 분류 후 가점방식으로 적용하고 심화평가는 부정적 ESG 이슈에 대한 감점방식으로 적용한다. 환경 부문 핵심지표로는 환경경영 인증, 환경정보 공개, 국제이니셔티브 참여, 환경경영 조직, 환경교육, 환경성과 평가, 온실가스 배출량, 에너지 사용량, 유해화학물질 배출량, 용수 사용량/재이용량, 폐기물 배출량/재활용량이다. 사회 부문 핵심지표는 기간제 근로자 비중, 인권보호 프로그램 운영, 여성 근로자 비중, 협력사 지원, 공정거래 프로그램, 부패방지 프로그램, 제품 및 서비스 안정성 인증, 사회공헌 지출액 등이다. 다음으로 지배구조 부문 핵심지표는 주주총회 배당, 기업 지배구조 공시, 이사회 독립성, 이사회 운영 실적, 이사회 내 전문위원회, 감사기구, 감사위원회 운영 현황, 외부 감사인 독립성, 이사회 운영규정 공개, ESG 등급 공개 등이다.[27]

이러한 ESG 지표를 기준으로 평가 결과를 도출함으로써 기업의 지속가능성 관행 개선을 유도하고 이해관계자에게 정보를 제공하고 있다. 평가 등급은 7개(S, A+, A, B+, B, C, D)로 부여되며, 이 등급은 한국거래소 사회책임투자지수 종목 구성에 활용되고 있다. 패션기업 가운데 F&F(에프엔에프)와 신원은 이 평가에서 전 항목에서 취약하다는 C·D등급을 받았으며, 형지엘리트는 지배구조와 환경 부문에서 C·D등급을 받은 바 있다. 또 LF와 영원무역은 환경 부문에서 최하위인 D등급을 받았다. C·D등급을 받는 경우는 관련 정책이 없거나, 성과가 없는 상황에 해당한다.[28]

표 4.2 주요 상장 패션기업 ESG 경영 평가[29]

기업명	ESG 등급	환경	사회	지배구조	평가년도
효성티앤씨	A+	A+	A+	A	2020
한섬	A	B+	A	A	2020
신세계인터내셔날	A	B	A	A	2020
휠라홀딩스	B+	B	B+	B+	2020
LF	B	D	B	B+	2020
영원무역	B	D	B	B+	2020
형지엘리트	C	D	B	C	2020
신원	D	D	C	C	2020
F&F	D	D	C	C	2020

출처: 한국기업지배구조원(KCGS).

(2) 서스틴베스트(Sustinvest)

ESG 경영전략 통합, 펀드 운용 전략, 수탁자 책임 활동 등을 위한 종합 리서치 및 자문 서비스 제공업체인 서스틴베스트에서는 국내 기업의 ESG 리스크 관리 수준을 등급으로 평가하며 공개하고 있다. 서스틴베스트의 ESGValue™는

표 4.3 국내외 주요 ESG 평가기관 현황

구분	평가지표	특징
해외	MSCI ESG Leaders 지수	모건스탠리 캐피털 인터내셔널 ESG 영역별 10개 주제, 35개 핵심 이슈를 평가해 AAA~CCC의 7개 등급 부여, 거버넌스 평가에 가중치 제공
	DJSIESG 지수	전 세계 시가총액 상위 기업 대상으로 경제적 성과, 환경, 사회 성과 등을 종합적으로 고려해 기업 경영 지속가능성 분석
	FTSE4Good 지수	담배, 무기, 석탄 등의 일부 산업은 피평가기업에서 제외 공개된 정보를 기반으로 평가해 분기별 지수에 편입된 기업을 발표
	SUSTAINALYTICS	공개된 정보를 기반으로 ESG 리스크가 기업의 재무가치에 미치는 영향을 측정, 평가 결과는 0~50 사이 점수와 리스크 등급으로 표시
	CDP	전 세계 9600여 개 기업의 기후변화 대응 등 환경 경영 공시 정보 분석
	ISS	세계 최대 의결권 자문기관 2,000명 이상의 기관투자자에게 기업의 거버넌스와 책임 투자에 관한 자문과 서비스 제공
국내	한국기업지배구조원 (현, 한국ESG기준원)	회사별 900개 이상의 기초 데이터를 수집, 이를 바탕으로 개별 기업의 ESG 위험 회피 시스템, 기업가치 훼손 이슈 등 진단
	서스틴베스트	자체 개발한 평가모델 ESGValue를 활용해 국내 상장사의 ESG 관리 수준 평가
	대신경제연구소	한국거래소 상장기업의 환경, 사회, 지배구조 3가지 부문에 대한 정보를 취합 후 자체 분석 모형으로 평가

투자자를 포함한 각 이해관계자 관점에서 어떠한 외부효과를 발생시키는지, 또한 그것이 장기적 기업가치에 어떠한 영향을 미치는지 분석하여 기업의 ESG 리스크 관리 성과를 평가하고 있다.

참고문헌

1) 김임순. (2020, 5. 21). CCI, 지속가능의류연합(SAC)가입...친환경 사회적 책임 의무 확대 일환. 한국섬유신문, https://www.ktnews.com/news/articleView.html?idxno=115382

2) 양윤혁. (2022, 7. 22). 히그지수, 월마트의 블록체인 활용사례 도입할까? 임팩트온. https://www.impacton.net/news/articleView.html?idxno=4580

3) Sustainable Apparel Coalition 홈페이지. (n.d.). https://apparelcoalition.org/

4) Fashion Revolution 홈페이지. (n.d.). https://www.fashionrevolution.org/

5) 허가영. (2021). 패션 브랜드의 ESG 실천 사례에 관한 연구. 인문사회21, 12(4). 3283-3292.

6) Fashion Revolution. (2022). Fashion transparency index, 2022 Edition. https://transparency.fashionrevolution.org/

7) Fashion Revolution. (2022). Fashion transparency index, 2022 Edition. https://transparency.fashionrevolution.org/

8) 패션팩트 G7 홈페이지. (n.d.). https://www.thefashionpact.org/?lang=en

9) 김효진. (2021, 2. 26). 패스트 패션기업, 순환경제 동참위해 '순환 패션 파트너십(CFP)' 출범. 임팩트온. https://www.impacton.net/news/articleView.html?idxno=1308

10) Circular Fashion Partnership 홈페이지. (n.d.). https://globalfashionagenda.org/circular-fashion-partnership/

11) Worldwide Responsible Accredited Production 홈페이지. (n.d.). https://wrapcompliance.org/en/

12) Better Cotton Initiative 홈페이지. (n.d.). https://bettercotton.org/

13) Zero Discharge of Hazardous Chemicals 홈페이지. (n.d.). https://www.roadmaptozero.com/

14) 한국표준협회. (n.d.). ISO 14001. https://www.ksa.or.kr/ksa_kr/978/subview.do

15) 한국표준협회. (n.d.). ISO 14001. https://www.ksa.or.kr/ksa_kr/978/subview.do

16) 한국표준협회. (n.d.). ISO 26000 대응. https://www.ksa.or.kr/ksa_kr/875/subview.do

17) 한국표준협회. (n.d.). ISO 45001. https://www.ksa.or.kr/ksa_kr/6624/subview.do

18) 한국표준협회. (n.d.). ISO 37001. https://www.ksa.or.kr/ksa_kr/5528/subview.do

19) S&P Dow Jones Indices. (n.d.). DJSI. https://www.spglobal.com/spdji/kr/index-family/esg/core-esg/djsi/#overview

20) 손민정. (2021, 11. 19). 몽클레르, 전세계 '다우존스 지속가능경영지수'...3년 연속 '섬유·의복 및 명품 산업 분야' 1위. MoneyS. https://moneys.mt.co.kr/news/mwView.php?no=2021111909368041832

21) 산업통상자원부. (2021, 12). K-ESG 가이드라인 v1.0.
22) 김성준. (2021, 10. 25). 렌징 그룹, ESG등급 'AA'로 상향. TIN뉴스. https://www.tinnews.co.kr/21436
23) 김성준. (2021, 10. 25). 렌징 그룹, ESG등급 'AA'로 상향. TIN뉴스. https://www.tinnews.co.kr/21436
24) FTSE Russell. (n.d.). FTSE4Good Index Series. https://www.ftserussell.com/products/indices/ftse4good
25) Sustailnalytics 홈페이지. (n.d.). https://www.sustainalytics.com/esg-data
26) 김유경, 정아름. (2021). 사회적 가치창출을 위한 ESG활용방안. 사회적 가치법제, 19(1), p. 206.
27) 한국ESG기준원 홈페이지. (n.d.). http://www.cgs.or.kr/business/esg_tab01.jsp
28) 김보라. (2021, 2. 22). 패션기업 '친환경' 대세인데... F&F·신원, ESG경영 최하위 'D등급'. 시장경제. https://www.meconomynews.com/news/articleView.html?idxno=50403
29) 한국ESG기준원. (n.d.). ESG평가. http://www.cgs.or.kr/business/esg_tab04.jsp

Chapter 5
ESG Management Guides
for the Textile · Fashion Corporations

섬유 · 패션기업의 ESG 경영 방법

1. ESG 계획수립을 위한 환경분석
2. 목표설정
3. 중대성 평가
4. 실행
5. 공시와 대응

Chapter 5

ESG Management Guides for the Textile · Fashion Corporations

섬유·패션기업이 ESG 경영을 실행하기 위한 첫 단계는 사업수행 내용과 성과 중 ESG 경영 요소별로 ESG 기준에 적합하게 실행되고 있는지를 점검하여 기록하고, 잘 실행되고 있는 점은 더욱 강화하고 부족한 점에 대해서는 개선목표를 잡아 개선하기 위한 비즈니스 모델을 개발하는 것이다. 이를 위해서는 자사의 사업환경, 사업영역, 사업역량에 맞는 ESG 경영 목표를 수립하는 것이 중요하다. 국내외 사업환경과 업계의 동향, 경쟁업체의 ESG 경영실행 상황을 면밀히 조사하고 이를 바탕으로 회사의 목표를 수립해야 한다. 다음으로 자사 비즈니스의 이해관계자를 식별하고 이들과의 소통을 통해 중대성 평가를 진행해야 한다. 그러고나서 자사의 핵심 추진과제를 도출하고 ESG 경영실행을 위한 구체적 사항을 이행해 나가야 한다. 마지막으로 ESG 경영 성과 중 긍정적인 부분뿐만 아니라 부정적인 부분까지도 모두 투명하게 공시함으로써 이해관계자들로부터 신뢰를 얻어야 한다. 제3자 검증과 이해관계자와의 소통을 통해 추가적인 개선점을 찾아 지속적으로 실행해 나가야 할 것이다.

이 장에서는 섬유·패션기업이 성공적으로 ESG 경영을 실행하기 위한 주체적인 방법을 제시한다. 먼저 〈1. ESG 계획수립을 위한 환경분석〉에서는 진단체크리스트와 이를 활용하는 방법을 소개하고, 이를 통해 기업이 스스로 ESG 수준을 분석할 수 있는 방법을 제시한다. 다음으로 〈2. 목표설정〉에서는 ESG 경영 목표 수립 시 UN의 지속가능목표와의 연계를 통해 좀 더 효과적으로 대응할 수 있는 개선체제 구축방법을 제시한다. 다음으로 〈3. 중대성 평가〉에서는 이해관계자를 식별하고 이들과의 소통의 중요성을 설명하며, 중대성 평가 절차를 소개한다. 〈4. 실행〉에서는 기업별로 핵심 추진과제를 도출하고 ESG 경영실행을 위한 구체적인 방안을 논의한다. 마지막으로 〈5. 공시와 대응〉에서는 GRI Standards와 SASB 프레임워크를 중심으로 지속가능경영보고서를 작성하고, 제3자에게 검증을 받으며, 결과를 공시하고 이에 대한 반응에 대응하는 방법에 대하여 제시한다. 이러한 과정을 충실히 따라 자사의 지속가능경영보고서를 작성하는 것만으로 이미 ESG 경영의 성공적 실행은 가까워졌다고 할 수 있다.

1. ESG 계획수립을 위한 환경분석

1) 진단체크리스트 활용

기업은 스스로의 수준을 점검하고 확인하는 과정을 거쳐 경영전략을 수립한다. ESG 경영의 목표설정을 위하여 기업의 현재 위치를 파악하고 이를 토대로 앞으로 어떻게 전략화해 나갈지를 정리할 수 있다. ESG 경영 수준을 가늠하기 위해 기업이 스스로 진단할 수 있는 프로그램을 제시하고 있다.

자가진단플랫폼을 활용한 ESG 수준 체크

최근 정부는 중소기업의 ESG 진단부터 정책건의까지 가능한 '중소기업 ESG·탄소중립 통합 플랫폼'을 구축하고 있다. 현재는 중소벤처기업진흥공단(이하 '중진공')의 'ESG 자가진단'을 통해 ESG 경영 수준을 진단할 수 있으며, ESG 자가진단을 거쳐 E(환경)·S(사회)·G(지배구조) 테마별 준비 수준을 확인할 수 있다. 또 자가진단 결과를 통해 기업에 필요한 맞춤형 ESG 솔루션이 제공된다. 중진공 스마트진단 시스템 홈페이지(https://kdoctor.kosmes.or.kr)를 통해 진단할 수 있으며, 구성내용은 다음과 같다.

1. ESG 개념-ESG의 의미, 내용, 구성 소개
2. E 환경(총 7문항)-친환경 분야 연관성 점검 및 진단

※ E07: 최근 3개년 에너지 사용량 추이 입력(선택 문항: 등급 미반영)

3. S 사회(총 7문항)-사회적 책임 및 관리 수준 진단
4. G 지배구조(총 6문항)-경영, 정책, 인증 관련 진단
5. 체크포인트-보고서를 통한 솔루션 제공 체크포인트 선택

이와 더불어 대신경제연구소의 'ESG 자가진단 베타 서비스'도 활용할 수 있다. 대신경제연구소 ESG 자가진단 서비스 홈페이지(http://www.deri.co.kr)에서 'ESG 자가진단 서비스'를 통해 기업의 ESG 현재 수준을 진단할 수 있다. 그 외 시중은행이나 민간 기업에서도 ESG 자가진단 플랫폼이 지원되고 있어, 기업에서는 이를 활용한 전략적 ESG 경영계획을 추진할 수 있을 것이다.

표 5.1 중소벤처기업부 자가진단 체크리스트 세부문항(총 20개)[1]

E(환경): 10개		질문 문항
대분류(3)	세부항목(10)	
환경경영정책	환경목표 수립 및 계획	E01. 귀사의 경영방침 및 사업계획서에 장단기 환경경영 목표가 수립되어 있습니까?
	분야별 목표	E02. 귀사의 경영방침 및 사업계획서에 반영된 환경경영 목표 분야를 체크하십시오.
	친환경 혁신 실행	E03. 귀사의 경영방침 및 사업계획서상에 친환경제품 개발 또는 환경친화적 공정개선 계획이 포함되어 있습니까?
환경경영관리	온실가스 배출관리	E04. 귀사의 온실가스 및 대기오염물질 관리 매뉴얼 보유 여부와 관리수준을 체크하십시오.
	(폐)수 처리	E05. 귀사의 수질관리 매뉴얼 보유 여부와 관리수준을 체크하십시오.
	폐기물관리	E06. 귀사의 폐기물관리 매뉴얼 보유 여부와 관리수준을 체크하십시오
환경경영성과	전력 사용량 추이	E07. 최근 3개년 에너지(전력) 사용량 추이를 기재하여 주십시오.

(계속)

S(사회): 7개		질문 문항
대분류(4)	세부항목(7)	
사회적 책임 정책	정책(목표) 수립	S01. 귀사의 경영방침 및 사업계획서에 반영된 사회적 책임경영 정책(목표) 분야를 체크하십시오.
지역사회	지역사회공헌	S02. 지역사회공헌 참여 프로그램을 운영하고 있으며, 개선사항을 반영하고 관리하고 있습니까?
공급망	공정거래	S03. 공정한 계약절차 매뉴얼을 보유 및 준수하고 있으며, 개선사항을 반영하고 관리하고 있습니까?
근로자	취업규칙	S04. 사내 취업규칙을 갖추고 있으며, 내부 이해관계자의 동의를 거쳐 개선사항을 반영하고 관리하고 있습니까?
	근로계약	S05. 근로계약서는 작성·관리되고 있으며, 내부 이해관계자와의 상생협력을 위해 개선사항을 반영하고 관리하고 있습니까?
	초과근로	S06. 초과근무 기준을 갖추고 있으며, 내부 이해관계자의 충분한 동의 절차를 거쳐 개선사항을 반영하고 관리하고 있습니까?
	산업재해	S07. 산재발생 예방 활동 및 안전관리 대상 분야별 정기점검이 이루어지고 있으며, 내부 이해관계자의 충분한 의견을 수렴하여 개선사항을 반영하고 관리하고 있습니까?(화재예방 소화설비 포함)

G(지배구조): 3개		질문 문항
대분류(2)	세부항목(3)	
윤리경영 정책	윤리경영 정책	G01. 귀사의 경영방침 및 사업계획서에 윤리경영 정책(목표)이 반영되어 있습니까?
윤리경영 관리	비윤리적 이슈관리	G02. 비윤리적 이슈관리 기준이 마련되어 있으며, 내부 이해관계자 공유를 통해 개선사항을 반영 및 관리하고 있습니까?
	법규 준수	G03. 환경·사회적 책임·지배구조 관련 법규 준수 매뉴얼을 갖추고 있으며, 개선사항을 반영하고 관리하고 있습니까?

출처: 중소벤처기업진흥공단. https://3t.kosmes.or.kr

중소기업을 위한 K-ESG 가이드라인 활용

산업통상자원부는 국내외 13개 ESG 평가기관DJSI, MSCI, EcoVadis, Sustainalytics, WEF, GRI 등에서 사용 중인 3,000여 개 이상의 지표와 측정항목을 분석하여, 61개 ESG 이행과 평가의 핵심·공통사항을 도출하고 이를 토대로 글로벌 기준에 부합하면서도 국내 중소기업이 활용 가능한 가이드라인을 제시했다. 기업들이 ESG 경영을 통해 추구해 나가야 할 27개의 K-ESG 가이드라인은 '사회적 가치Social Value' 항목을 구분하고, 이를 기업이 얼마나 잘 달성하고 있는지를 스스로 점검해 볼 수 있도록 61개의 세부진단항목과 각 항목별 '진단 정의서'를 제공하고 있다.

'진단항목 정의서'는 진단항목의 목적과 내용, 방법 등을 함축적으로 제시하고 있는 '항목설명'과, 항목을 진단하기 위해 필요한 데이터의 원천, 데이터 기간과 범위, 산식을 제시하여 해당 자료를 통해 성과를 확인하는 방법을 설명하고 있다. 이러한 '성과점검'에서 확인한 자료를 기반으로 해당 기업의 ESG 경영 수준을 진단할 수 있도록 단계별 기준을 제시(1~5단계)하는 '점검기준' 등으로 구성되어 있다. 또한 점검기준으로 확인한 기업의 ESG 성과를 기업 간, 항목 간 비교할 수 있도록 진단항목별로 5단계로 구성된 배점기준(100점 기준)을 제시하고 있다. 기업의 비재무적 공시 의무 등 ESG에 대한 규율이 강화되고 있고 기업 평가, 투자기준설정, 공급망 실사에서 기업의 ESG 경영이 더욱 중요해지고 있다. 이러한 상황에서 K-ESG 가이드라인은 중소기업이 ESG 경영을 준비할 수 있도록 지표를 상세히 제시하고 있어 적용이 용이할 것이다.

<table>
<tr><th rowspan="2">구분</th><th>분류번호</th><th>영역</th><th>범주</th></tr>
<tr><td>E-1-1</td><td>환경</td><td>환경경영 목표</td></tr>
<tr><th>항목</th><td colspan="3">환경경영 목표 수립</td></tr>
<tr><th>항목 설명</th><td colspan="3">• 조직이 책임있는 환경경영을 수행하기 위한 방향성을 명확히 설정하고 효율적인 자원 배분이 이루어지고 있는지, 또한 조직이 외부에 미치는 환경 영향을 최소화하고 내부 환경성과를 향상시키기 위한 구체적인 계획이 마련되어 있는지 점검
• 조직이 수립한 환경 분야 단기/중장기 목표 구체성과 내재화 수준을 확인</td></tr>
<tr><th>성과 점검</th><td colspan="3">조직의 환경경영 방향성을 확인할 수 있는 구체적이고 정량적인 단기/중장기 목표가 설정되어 있는지, 해당 목표 달성을 위한 과제 및 이행점검을 위한 지표를 정의하고 있는지 측정

[데이터 원천] 환경 분야 목표 수립 현황
[데이터 기간] 직전 회계연도
[데이터 범위] N/A
[데이터 산식] N/A</td></tr>
<tr><th>점검 기준</th><td colspan="3">
<table>
<tr><th>1단계</th><td>단기/중장기 성과목표, 또는 조직의 환경경영 방향성을 나타내는 환경경영 미션/비전/지향점이 없는 경우</td></tr>
<tr><th>2단계</th><td>단기/중장기 성과목표는 수립되지 않았으나, 조직의 환경경영 방향성을 나타내는 환경경영 미션/비전/지향점을 제시하고 있는 경우</td></tr>
<tr><th>3단계</th><td>조직의 환경 분야 핵심이슈에 대한 단기 목표를 설정하고 있으나, 중장기 목표는 없는 경우</td></tr>
<tr><th>4단계</th><td>조직의 환경 분야 핵심이슈에 대한 중장기 목표까지 수립하고 있는 경우</td></tr>
<tr><th>5단계</th><td>조직의 환경 분야 핵심이슈에 대한 중장기 목표까지 설정하고 있으며, 중장기 목표 달성을 위한 과제와, 이행점검 지표를 마련한 경우</td></tr>
</table>
점검 기준 적용방안(단계형)
<table>
<tr><th>1단계</th><th>2단계</th><th>3단계</th><th>4단계</th><th>5단계</th></tr>
<tr><td>0점</td><td>25점</td><td>50점</td><td>75점</td><td>100점</td></tr>
</table>
</td></tr>
</table>

그림 5.1 K-ESG 가이드라인 기본 진단항목 정의서[2]

출처: 산업통상자원부.

2) 기업의 ESG 수준분석

자가진단 체크리스트를 활용하여 기업의 현황이 파악되면 ESG 경영에 대한 수준을 자체 분석하여 이에 따른 ESG 경영전략을 수립할 수 있다. 항목별 실행현황에 따른 개선활동을 찾아보고 어떤 활동이 미진한지, 어떤 활동을 더해야 하는지를 파악해 볼 수 있다. 각 항목별 수준은 기업이 속한 산업별 표준 평균과 비교해 보면 된다. 결과표 분석은 기업 내부의 태스크포스팀Task Force Team을 두거나 전담팀을 배치하여 관련사항에 대한 지속적 체제를 구축하는 것이 중요하다. 진단결과 분석에서는 데이터레이블을 통하여 가시적 수준을 보여주는 것이 효과적이다. 평가항목은 자가진단 프로그램을 활용할 수 있으며, E/S/G 별로 측정하여 구분해도 좋다.

평가수준은 5점 리커트Likert 척도나 7점 리커트 척도를 통하여 평점별 근거를 제시할 수 있으며, 백분율로 환산점수를 산정하여 진단할 수 있다. 항목별 평점을 체크하여 자가진단 결과분석표를 구성할 수

No	평가항목	취득점수/만점점수	배점	평점
1	경영전략	11/25	100	44
2	환경	22/40	100	55
3	사회	43/75	100	57
4	지배구조	32/60	100	53
5	ESG 정책	14/30	100	46
평균			100	51

그림 5.2 자가진단 체크리스트를 통한 레이더차트 분석관련 예시

있을 것이다. K-ESG 가이드라인의 경우 각 항목별 점검기준이 잘 제시되어 있으니, 이를 참고해도 좋다(표 5.2).

표 5.2 ESG 경영 자가진단 체크리스트: 5점 리커트 척도의 평가기준표

NO	평가수준	배점	평가근거
1	매우 그렇다	5	분류문항에 대한 요건이 모두 데이터화되어 있으며 실행하고 있는 수준
2	그렇다	4	분류문항에 대한 요건이 데이터화되어 있으나 부분적으로 실행되고 있는 수준
3	보통이다	3	분류문항에 대한 요건이 부분적으로 데이터화되었고 실행되고 있는 수준
4	부족하다	2	분류문항에 대한 요건이 부분적으로 데이터화되어 있으나 실행이 되지 않는 수준
5	매우 부족하다	1	분류문항에 대한 요건이 전혀 데이터화되지 않고 있는 수준
6	해당없음	미표기	기업에 적용되지 않은 문항

표 5.3 K-ESG 가이드라인 3-2(환경-원부자재) 영역의 점검기준[3]

현재 수준 (1/2)	1단계	직전 1개년 원단위 원부자재 사용량 당해년도 산업 평균 초과
	2단계	직전 1개년 원단위 원부자재 사용량 당해년도 산업 평균 동일
	3단계	직전 1개년 원단위 원부자재 사용량 당해년도 산업 평균 미만
추세 (1/2)	1단계	지난 5개년 원단위 원부자재 사용량 증가 추세
	2단계	지난 5개년 원단위 원부자재 사용량 변동 없음
	3단계	지난 5개년 원단위 원부자재 사용량 감소 추세

* 원단위 원부자재 사용량을 관리하지 않는 경우 0점 적용

1단계	2단계	3단계
0점	50점	100점

점검기준 적용방안(단계형)

* 2개 영역의 단계별 점수 산출 후, 가중평균해 해당 항목의 점수로 산출

= 현재수준 점검기준에 따른 점수 × 1/2 + 추세 점검기준에 따른 점수 × 1/2

출처: 산업통상자원부.

특히 섬유·패션산업에서는 한국섬유패션정책연구원에서 정책토론회를 통해 제안한 '섬유·패션기업을 위한 ESG 평가기준'의 평가비중을 활용해 위에서 언급한 레이더차트 분석표로 진단해 보는 것도 효과적이다.

표 5.4 한국섬유패션정책연구원 제안 '섬유패션기업을 위한 ESG 평가기준' 일부 내용[4]

E(친환경)	친환경 활동 (브랜드 10점)	• 지속가능경영보고서 발간, 자체 온라인 지속가능채널 운영 등 ESG 홍보활동 • 재생에너지 사용비율, RE100 대응 등 • 친환경 제품 R&D 목표, 프로세스, 비용 • 친환경 인증마크, 특허, ISO 보유 • 국내외 지속가능 이니셔티브 가입 • 환경경영전략 수립 및 추적성기반 공급망 관리시스템 운영 • 네트워크 연계 친환경 마케팅 활동 • 임직원 대상 친환경 교육 프로그램 • 인사평가 시 ESG 성과 반영제도 운영
	지속가능한 소재 사용 (원사: 10점)	• 유기농 비건 천연 소재 • 생분해성 바이오 소재 • 동물윤리에 따라 채취한 소재 • 폐의류, 폐섬유 활용한 리사이클링 소재 • 국내생산소재 사용
	친환경 공정생산 (제직/편직, 염색가공, 부자재: 10점)	• 온실가스 배출 저감 • 에너지 소비량 저감 및 재생에너지 전환 • 용수 사용량 저감 • 청정생산 관리시스템(폐수, 대기, 폐기물 등) • 미세플라스틱, 미세섬유 배출 • 유독가스 누출사고 방지 등 화학물질 안전관리 시스템
	지속가능위한 제품기획 (기획, 디자인: 10점)	• 3D 그래픽 의상디자인 활용 샘플 제작 • 리폼, 수명연장이 용이한 디자인 • 고객정보 빅데이터 활용 개인별 맞춤생산 • AI 기반 상품기획 통한 적정 생산 • 판매적중률

(계속)

S(사회적 책임)	사회와 업계발전 위한 대외활동 (10점)	• 사회참여 봉사활동 내역, 인원 및 시간 • 각종 사회공헌, 기부활동 및 지출액 • CEO, 임직원의 대외 활동
	인적자원관리 (10점)	• 여성, 장애인, 장기근속자, 정규직 비율 • 복리후생, 노동활동 보장, 조직문화 등 • 아동노동, 강제노동 등 공급망 기업의 인권과 노동 관행 추적 • 공급망 기업의 임금지급, 복지, 작업환경 • 사업장 안전 강화
	제품의 안전 및 책임 (5점)	• 품질관리 시스템 운영, 제품 안정성 인증 • 환불, 소비자불만 처리 등 고객만족과 소비자 보호 • 제조물 책임법, 리콜, 유통기한 및 원산지 표시제 준수
	공급망 관리 및 공정경쟁(5점)	• 공급망 관리시스템 • 임직원 청렴도, 부패방지 프로그램 • 거래업체 선정 프로세스, 내부거래 방지 • 하도급법 준수, 공정거래 자율준수 프로그램 시행 • 협력업체 지원, 납품가 지급 제도
G(투명경영)	이사회 구성 및 활동 (5점)	• 직전 3년간 이사회 개최 실적 • 이사회 구성의 전문성과 다양성 • 이사회 구조의 독립성(CEO와 의장의 분리, 사외이사 비율 등) • 감사위원회 유무, 장기재적 감사 비중
	주주관리 및 배당(5점)	• 주주의견 수렴, 주주총회 공시 • 경영권 보호 장치 • 이해관계자 경제적 가치 배분, 총주주 수익률(TSR), 최근 3년간 배당지급 및 현금배당 성향
	지속가능경영(5점)	• ESG 또는 CSR팀의 존재 • 경영정보, 환경정보, 회사내규 공개 여부 • 관계사 매출거래, 우발채무 비중 • 회계세무, 부정부패 관련 사고 여부

2. 목표설정

1) 자가진단 결과 대응 개선체제 구축

앞서 진단된 결과를 토대로 각 문항별 주요 문제점을 파악하고 개선사항을 검토한다. 개선사항을 도출할 때 데이터는 부분적으로 갖추어 있더라도 실행되지 않아 낮은 배점을 받은 항목을 중심으로 개선방향을 정리하면 편리하다.

표 5.5 A기업의 자가진단 체크리스트 결과대응 개선방향 예

영역 구분	문항번호	주요 문제점 및 개선방향
경영전략	1-4	• 경영 목표는 정기적 회의 및 KPI를 설정하여 관리 • 홈페이지 등을 통한 의사소통 공간마련 확립 • 이행현황 점검표를 통한 주기적 측정
환경	2-4	• 분기별 에너지 사용량 측정
	2-7	• 전력 사용과 도시가스 등의 제조공정 등에 사용되는 이산화탄소를 환산한 계산법을 적용시켜 환경경영에 반영 • 온실가스(Scope1 & Scope2, Scope3)
	2-10	• 공급망 간 환경관리 및 평가기준을 만들어 매뉴얼화
사회	3-2	• ESG(지속가능경영)보고서를 통해 사회 분야 핵심토픽에 대한 목표 및 성과 관리현황을 측정
	3-7	• 근로자 관리지침서에 남녀평등에 대한 내용을 작성(현황점검표 작성)
	3-14	• 윤리서약서 및 문서공유를 통해 평가기준 확립
지배구조	4-1	• ESG에 대한 외부검증원이나 내부 TF Team을 구성하여 관리
	4-11	• 감사제도를 도입하여 내부감사원을 발령
ESG 정책	5-1	• 조직의 홈페이지, 지속가능경영보고서, 사업보고서, 기타 간행물 등에 ESG 정보를 종합적으로 수록
	5-3, 4, 5, 6	• 환경 또는 사회적 책임 관련 외부 경영인증 추가 획득

예를 들어 환경전략 부문에서 에너지 수요를 줄이기 위한 에너지 효율 관리계획이 수립되어 있지 않은 점이 낮은 배점의 원인일 수 있다. 이런 경우 개선방향으로 분기별 또는 월별 에너지 사용량을 측정하여 추세변화를 계측하고, 조직 내외 이해관계자와의 공유를 통해 문제해결방안을 수립해 볼 수 있을 것이다. 수립된 경영 목표는 정기적 회의 및 핵심성과지표Key Performance Indicator: KPI를 설정하여 관리하고, 홈페이지나 사내 공유채널을 통하여 개선책을 공표하고 구성원 간 의견을 공유하면 효과적일 것이다.

2) UN SDGs 목표(지속가능발전목표)와 연계

지속가능발전목표Sustainable Development Goals: SDGs란 전 세계의 빈곤 문제를 해결하고 지속가능발전을 실현하기 위해 2016년부터 2030년까지 유엔과 국제사회가 달성해야 할 목표를 말한다. 이를 기준으로 기업의 경영 목표를 설정하는 것이 편리하다. SDGs(지속가능발전목표)의 17개 목표(표 5.6)와 1,669개 세부 목표의 구성을 참고하여 경제, 사회, 환경 측면에서 지속가능한 발전 목표와 연계하여 기업의 경영 목표를 설정하는 것이 용이하다. 기업이 속한 산업과 기후변화의 영향요인을 파악하고, 기업의 비전, 경영철학, 미션이 반영되도록 연계하여 글로벌 목표도 함께 실현할 수 있다.

핵심 이슈	UN SDGs	대응 방향				
		㈜효성	효성티앤씨㈜	효성중공업㈜	효성첨단소재㈜	효성화학㈜
① 사업장 보건과 안전 강화	3, 12	· 안전보건 체계 강화	· 안전점검 활동 강화 · 안전 교육 및 훈련 확대	· 4대 중점과제 및 10대 안전실천사항 수립	· 안전보건재해 시스템 재정비 · 5대 추진방향 확립	· EHS 위원회 신설 · 협력사 안전보건 강화
② 제품 책임 및 안전성 확보	12, 9	· C-Cube 실행체계 확립	· 품질 개선 및 안전성 인증 취득	· GMS(Global Management System) 구축	· C-Cube 활동 고도화 · 품질경영인증취득 · 유해화학물질분석	· 품질 및 안전성 관련 인증 취득
③ 고객관계 관리 및 고객만족 강화	9, 12	· C-Cube 활동의 DNA화	· VOC(Voice of Customer)를 반영한 브랜드 런칭	· VOC(Voice of Customer)를 반영한 제품 개발	· VOC(Voice of Customer)를 반영한 제품 개발	· VOC(Voice of Customer)를 반영한 제품 개발
④ 해외시장 개척 및 신성장동력 확보	12, 8, 9	· 글로벌 생산기지 확대	· 튀르키예공화국(터키), 브라질 공장 증설 · 중국 출자 확대	· 전력기기 해외시장 진출 확대	· 세계 주요 자동차업체와 협력 확대 · 탄소섬유 증설	· 비나케미칼 생산설비 확대
⑤ 친환경 제품 및 기술 개발	6, 13, 14, 15, 7	· 친환경 포트폴리오 구축	· Bio-based 스판덱스 개발 · 리젠 리사이클 프로젝트 확대	· 수소 충전소 확대 및 공급 기술 개발 · 친환경 전력기기 개발	· 자연유래 소재(Bio-PET) 개발 · 재생 소재 개발 및 납품 확대	· 친환경 ENPLA 신소재 폴리케톤 생산
⑥ 협력사 CSR 리스크 관리	8, 12	· 협력사 리스크 관리 체계 강화	· 협력사 등록 평가 및 공급망 리스크 관리 강화	· 협력사 리스크 평가 체계 강화	· 협력사 리스크 관리 범위 확대 및 정기 평가 강화	· 협력사 등록 평가 및 공급망 리스크 관리 강화
⑦ 에너지 소비량 관리 및 재생에너지 사용	7, 13	· TCFD 권고안 적용 · 기후변화 대응전략 수립	· 신재생에너지 사용 확대 · 에너지 절감 노력	· 온실가스 대체 기술 개발 · 에너지 절감 노력	· 온실가스 산정 대상 해외법인 확대 · 에너지 절감 및 신재생 에너지 확대	· 신재생에너지 사용 확대 · 에너지 절감 노력
⑧ 제조 효율성 및 원가 경쟁력 확보	12	· 글로벌 생산체계를 통한 차별화된 경쟁력 확보 · 글로벌 생산기지에 대한 설비 및 시설 투자 확대				
⑨ 연구개발 및 인프라 확대	9, 12	· 연구개발 조직체계 강화	· R&D 위원회 및 사내 기술교육회 활성화 · 주요 연구활동에 대한 지속적 지원(친환경 소재 및 신소재 개발, 각종 신기술 개발 등)			
⑩ 동반성장 지원 활성화	8, 12	· 동반성장 추진체계 확립	· 협력사 경쟁력 강화 지원	· 동반성장 프로그램 강화	· 동반성장 프로그램 강화 · 탄소 강소기업 육성 지원	· 동반성장 프로그램 강화
⑪ 기후변화 대응	7, 13	· 기후변화 대응체계 확립 · CDP(Carbon Disclosure Project) 참여	· 제품 탄소발자국 산정 · 온실가스 감축을 위한 시설 투자 확대	· 신재생에너지용 송배전시스템 수주 · 신재생에너지 사업 확대	· 탄소 라벨링 인증 대상 제품/ 지역 확대 · 글로벌 사업장의 기후변화대응체계 수립 · SBTi 참여 의결	· 온실가스 감축을 위한 시설 투자 확대
⑫ 재무건전성 및 수익성 확보	8	· 지속적인 해외시장 개척 · 글로벌 시장을 공략한 현지화 전략 및 핵심제품 양산화 전략				

그림 5.3 (주)효성의 2021 지속가능경영보고서에 공시된 핵심이슈와 대응방향[5]

출처: 효성.

표 5.6 UN SDGs의 17개 목표[6]

번호	목표	지속가능발전목표(UN-SDGs)
1	1 NO POVERTY	모든 곳에서 모든 형태의 빈곤 종식 End poverty in all its forms everywhere
2	2 ZERO HUNGER	기아 종식, 식량안보 달성, 개선된 영양상태의 달성과 지속가능한 농업 강화 End hunger, achieve food security and improved nutrition and promote sustainable agriculture
3	3 GOOD HEALTH AND WELL-BEING	모든 연령층을 위한 건강한 삶 보장과 웰빙 증진 Ensure healthy lives and promote well–being for all at ages
4	4 QUALITY EDUCATION	포용적이고 공평한 양질의 교육보장과 모두를 위한 평생학습 기회 증진 Ensure inclusive and equitable quality education and promote lifelong learning opportunities for all
5	5 GENDER EQUALITY	성평등 달성과 모든 여성 및 여아의 권익신장 Achieve gender equality and empower all women and girls
6	6 CLEAN WATER AND SANITATION	모두를 위한 물과 위생의 이용가능성과 지속가능한 관리 보장 Ensure availability and sustainable management of water and sanitation for all
7	7 AFFORDABLE AND CLEAN ENERGY	모두를 위한 적정가격의 신뢰할 수 있고 지속가능하며 현대적인 에너지에 대한 접근 보장 Ensure access to affordable, reliable, sustainable and modern energy for all
8	8 DECENT WORK AND ECONOMIC GROWTH	지속적·포용적·지속가능한 경제성장, 완전하고 생산적인 고용과 모두를 위한 양질의 일자리 증진 Promote sustained, inclusive and sustainable economic growth, full and productive employment and decent work for all
9	9 INDUSTRY, INNOVATION AND INFRASTRUCTURE	회복력 있는 사회기반시설 구축, 포용적이고 지속가능한 산업화 증진과 혁신 도모 Build resilient infrastructure, promote inclusive and sustainable industrialization and foster innovation

(계속)

번호	목표	지속가능발전목표(UN-SDGs)
10		국내 및 국가 간 불평등 감소 Reduce inequality within and among countries
11		포용적이고 안전하며 회복력 있고 지속가능한 도시와 주거지 조성 Make cities and human settlements inclusive, safe, resilient and sustainable
12		지속가능한 소비와 생산 양식의 보장 Ensure sustainable consumption and production patterns
13		기후변화와 그로 인한 영향에 맞서기 위한 긴급 대응 Take urgent action to combat climate change and its impacts
14		지속가능발전을 위하여 대양, 바다, 해양자원의 보전과 지속가능한 이용 Conserve and sustainably use the oceans, seas and marine resources for sustainable development
15		육상생태계 보호, 복원 및 지속가능한 이용 증진, 지속가능한 산림 관리, 사막화 방지, 토지황폐화 중지와 회복, 생물다양성 손실 중단 Protect, restore and promote sustainable use of terrestrial ecosystems, sustainably manage forests, combat desertification, and halt and reverse land degradation and halt biodiversity loss
16		지속가능발전을 위한 평화롭고 포용적인 사회 증진, 모두에게 정의 보장과 모든 수준에서 효과적이고 책임성 있으며 포용적인 제도 구축 Promote peaceful and inclusive societies for sustainable development, provide access to justice for all and build effective, accountable and inclusive institutions at all levels
17		이행수단 강화와 지속가능발전을 위한 글로벌 파트너십 재활성화 Strengthen the means of implementation and revitalize the Global Partnership for Sustainable Development

출처: United Nations. https://sdgs.un.org

3. 중대성 평가

1) 이해관계자 식별과 소통

기업과 연계된 모든 이해관계자의 관심사를 파악하고, 이를 전략에 반영함으로써 기업의 이해관계자들에게 차별화된 가치를 제공할 수 있다. 기업에 중대한 영향을 미치는 이해관계자를 선정하고, 기회 및 위협 요인을 분석하여 이해관계자별로 적절한 커뮤니케이션 전략을 수립해야 한다. 경제적, 사회적 가치를 동시에 추구하는 제품 및 서비스 제공부터 지속가능한 공급망 관리, 인권과 환경을 보호하는 사업장, 지역사회 나눔을 추구하는 사회공헌활동 등에 이르기까지 경영 전반에 걸쳐 이해관계자의 의견을 듣고 이를 경영활동에 반영한다. 휠라홀딩스의 경우, 매년 이해관계자들을 대상으로 ESG 관련 인터뷰를 실시하고 주요 법인 대상 ESG 워크숍을 실시하여 그룹 내 지속가능경영과 ESG 성과관리의 필요성에 대한 공감대를 지속적으로 강화해 나가고 있으며, 주주가치 제고뿐만 아니라 모든 이해관계자와 상생하고 환경 사회적으로 긍정적인 영향력을 미치기 위해 긴밀한 소통을 이어가고 있다.

한세예스24그룹은 고객, 주주 및 투자자, 자회사, 임직원, 지역사회, 정부, 비영리기관 및 협회 등 총 7개 그룹을 이해관계자로 정의하고, 그룹별 소통채널을 운영하고 있다. 이해관계자와의 원활한 소통을 기반으로 주요 현안 변화에 대응하고 경영활동 개선을 통해 지속가능한 경영을 수행하고 있다. 또한 각 이해관계자별 주요 관심사항 및 중요

표 5.7 휠라홀딩스의 2021년 지속가능경영보고서에 공시된 이해관계자 참여내용[7]

이해관계자	관련 이슈	소통채널 및 대응
고객	제품 안전성, 고객 정보보호, 고객 참여 활동 확대	• 고객센터 • 소비자 정량 조사 • 매장 점주 대상 간담회 • 휠라 아카이브
임직원	일과 삶의 균형, 인재 확보 및 육성, 복리후생 및 건강관리 지원, 임직원 다양성 증진	• GCM(Global Collaboration Meeting) • FILAGRAM(사내 뉴스레터) • 휠라 윤리경영 뉴스레터 • 윤리 제보 센터 • ESG 워크숍(휠라코리아 1회, 휠라 미국 1회) • ESG 인터뷰(휠라홀딩스, 휠라코리아, 휠라 미국, 휠라 스포트(홍콩), 몬테벨루나 주요 이해관계자 대상 인터뷰)
공급망	구매윤리 준수, 공정한 협력사 선정, 환경 및 사회 리스크 관리	• 휠라 그룹 글로벌 행동강령(FILA Group Global Co de of Conduct) • 휠라 그룹 인권 선언문(FILA Group Global Human Rights Policy) • 윤리 제보 센터 • 휠라 그룹 강제 노동 성명서
주주 및 투자자	경영 성과, 지배구조 투명성	• 주주총회 • IR 활동 및 공시(컨퍼런스 콜, 기업탐방) • 연간 및 분기별 경영실적 설명회(3월, 5월, 8월, 11월) • 증권사 컨퍼런스
지역사회	기업의 사회적 책임 이행, 사회적 소외 계층 지원	• 사회공헌활동 추진

출처: 휠라홀딩스.

이슈를 파악하고 지속가능한 경영활동에 이를 적극 반영하기 위해 노력하고 있다.

표 5.8 한세예스24그룹의 이해관계자 식별과 소통[8]

	고객	주주 및 투자자	자회사	임직원	지역사회	정부	비영리기관 및 협회
이해관계자 주요 관심사항	• 고객관계관리 • 고객정보보호 • 제품 및 서비스 품질 관리	• 주주가치 극대화 • 지배구조 투명성 • ESG 리스크 관리 • 사업 전망 • 사업 포트폴리오 다각화	• 운영 방향성 모색 • 정보공유 • 공정한 거래	• 공정한 성과평가 및 보상 • 복리후생 • 임직원 역량강화 지원 • 고충처리 • 고용 안전성 보장	• 지역사회와의 소통 • 지역경제 활성화 등의 사회공헌활동 • 사업장의 환경 영향 최소화	• 법적 책임 실천 • 성실한 세금 납부 • 일자리 창출	• 지배구조의 투명성 • 친환경 경영 위한 투자 확대 • 사회적 책임 실천
소통채널	• 그룹사 홈페이지 • 고객센터	• 기업 홈페이지 • 정기/임시 주주총회 • 기업설명회 • IR공시자료 (사업보고서, 기업 지배구조 보고서, ESG 보고서)	• ESG 실무협의체	• 전사강연회 • 한세IN(사보) • 노사협의회 • 부패방지 신고 제도	• 지자체 설명회 및 간담회	• 정책간담회 및 세미나	• 기업 지배구조 보고서 • 미디어 보도자료 • 유관 협의체 또는 간담회
주요 활동	• 마케팅 등 영업 활동 • 고객 불편사항 응대	• 공시를 통한 투명한 재무성과 공개 • 정기 주주총회 개최를 통한 투명한 의사결정 • 기업설명회를 통한 성과 공유	• ESG 실무진 정기미팅 개최	• 임직원 성장을 위한 교육지원 • 공정한 평가와 보상 체계 적용 • 다양한 복지제도 운영	• 지역사회 발전을 위한 투자 및 협력	• 성실한 조세 납부 • 양질의 일자리 창출로 고용 창출에 기여	• 기업 지배구조 보고서 공시 • 비영리기관, 협회 주최 간담회 등 참여

출처: 한세예스24홀딩스.

2) 중대성 평가 절차

지속가능경영 관련 이슈의 실제적/잠재적, 긍정적/부정적 영향을 파악하고, 이를 바탕으로 비즈니스 영향과 사회적 관심에 따른 중대성 평가를 실시한다. 중대성 평가는 GRI Standards나 기타 이니셔티브 등에서 요구하는 내용을 중심으로 수행하며, 이를 통해 도출된 중요 이슈를 향후 보고서에 적극 반영하여 지속가능경영 성과 및 활동을 투명하게 보고하기 위함이다.

1단계: 지속가능경영 이슈 풀(Pool) 구성

지속가능경영활동 전반에 대한 환경, 경제, 사회적 이슈를 파악하기 위해 국제 표준 및 이니셔티브GRI STANDARDS, EcoVadis, ISO 26000, UNGC, SDGS, TCFD 등와 지속가능성회계기준위원회Sustainabiity Accounting Standards Board: SASB의 표준을 반영하여 이슈 풀을 도출한다.

2단계: 미디어 및 이해관계자의 요구도 및 보고서 분석

미디어에서 중요하게 언급하는 사항, 주요 경쟁사의 지속가능경영보고서 등을 분석하고, 기업 내부와 관련된 이슈 등을 반영하여 지속가능경영 이슈를 추가적으로 파악한다.

3단계: 이슈 우선순위 도출

이전 단계의 결과를 모두 종합하여 사업 영향도 및 이해관계자 관심도를 계량화함으로써 이슈별 우선순위를 도출한다. 도출된 이슈 풀을

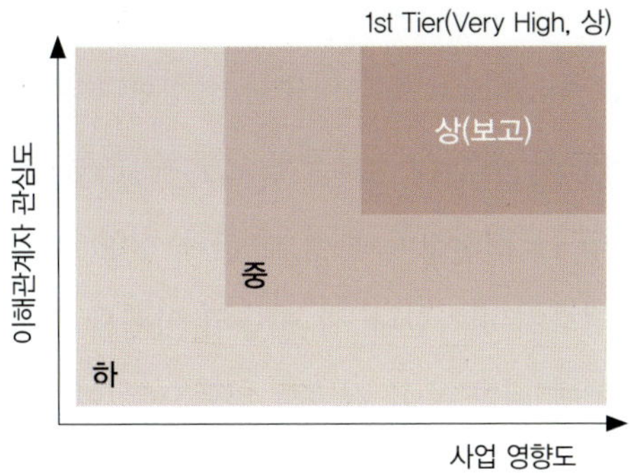

그림 5.4 중대성 평가 매트릭스

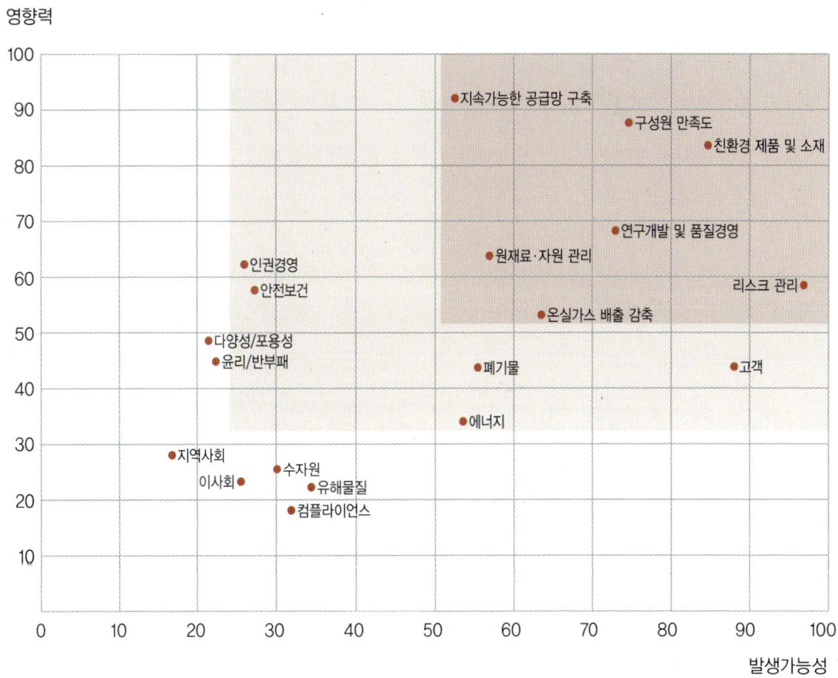

그림 5.5 휠라홀딩스의 2021년 지속가능경영보고서에 공시된 중대성 평가 매트릭스[9]
출처: 휠라홀딩스.

대상으로 이해관계자 관심도와 사업에 미치는 영향도 측면에서 해당 이슈의 중대성을 평가하고, 핵심 이슈를 선정한다. 이해관계자 관심도는 이슈에 대한 관심 수준과 정보공개 요구 수준 등을 고려하여 평가하되, 사업 영향도는 경영진의 관심 수준과 경영전략 및 재무성과의 연계성 등을 고려하여 평가한다. 각 이슈의 이해관계자 관심도(X축)와 사업 영향도(Y축)에 대한 분석 결과를 바탕으로 이해관계자의 관심도가 높고 사업 영향도도 높은 상위 순위 이슈를 도출하여 이를 핵심이슈로 선정한다.

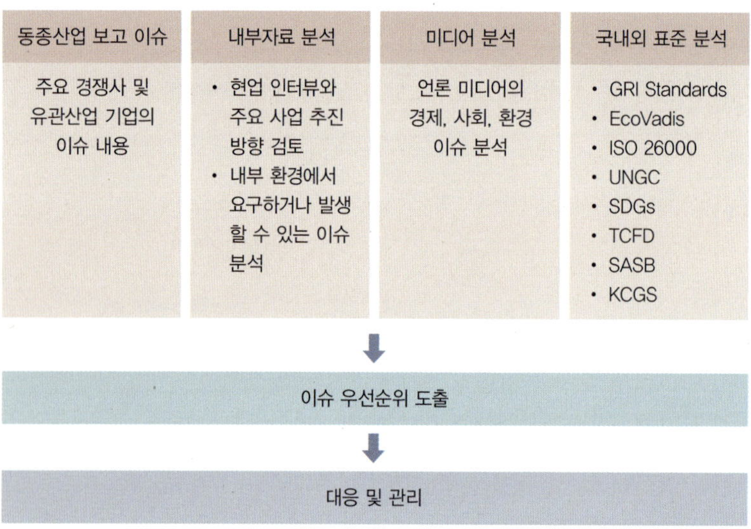

그림 5.6 중대성 평가 절차

4. 실행

ESG 실행을 위해 앞서 제시된 자사 수준분석 및 개선체제 구축, 목표 설정과 중요성이 도출되었으면 목표달성을 위해 이를 어떻게 전략화시켜야 할 것인지를 고민해야 한다.

1) 핵심 추진과제 도출

기업의 ESG 경영전략 이슈 파악

ESG 경영실행에 있어서는 자사가 속한 산업의 특성을 파악하여 ESG 경영의 이슈에 따른 실행을 집중하는 것이 편의적이다. 산업의 특성에 따라 우선시되는 ESG 이슈가 있는데, 이에 대한 증시 투자자들이나 관련 이해관계자의 관심도를 파악하는 것이 필요하다. 딜로이트의 국내외 비재무평가 종합분석을 통한 산업별 ESG 이슈에 대한 우선순위 결과[10]와 같이 주요 산업별 ESG 전략 이슈가 다르고 핵심 이슈에 대한 내용이 차별화되어 있으므로 이를 파악하는 것이 우선적으로 요구된다.

섬유·패션산업에서의 핵심이슈를 도출하기 위해서는 산업별 분석데이터를 고려하는 것이 필요하다. 예를 들어 탄소배출량을 관리하는 것도 섬유·패션산업에서 중요한 항목이 된다. 전 세계적 탄소중립 목표달성을 위해 Scope3 배출량 관리가 중요해지면서 원부자재 및 부품 생산·가공 등 공급망 내 협력업체 비중이 높은 산업구조 특성상, 협력사를 포함한 밸류 체인 전반의 탄소정보 관리 시스템 구축이 요구되고 있다. 이러한 측면에서 타 산업에 비해 스트림이 긴 특성을 가지는

표 5.9 주요 산업별 전략적 ESG 경영 이슈[11]

산업 구분		E	S	G	핵심 이슈
첨단기술, 미디어 및 통신 부문	통신, 미디어, 엔터테인먼트 산업	E	**S**	G	사이버 보안 및 개인정보 보호 강화
		E	**S**	G	연구 개발 강화 및 제품(컨텐츠) 개발을 위한 우수 인재 확보
		E	S	**G**	공정한 경쟁 및 책임 있는 제품 관리
	첨단기술 산업	**E**	**S**	G	공급망 환경·인권 평가 및 모니터링
		E	S	G	에너지 효율 제품 개발 및 확대
		E	S	G	제품 폐기량 감축 및 재활용 방안 확대
소비자 부문	소비재 산업	E	**S**	G	책임 있는 원료 조달
		E	S	G	친환경 제품 개발 및 판매 확대
		E	**S**	G	고객의 건강을 고려한 제품 개발
	유통 산업	**E**	S	G	친환경 제품 개발 및 판매 확대
		E	**S**	G	공급망 인권 이슈 모니터링 및 관리 강화
		E	**S**	G	제품 생산부터 판매, 폐기 단계 효율성, 안전성, 지속가능성 관리
	자동차 산업	**E**	S	G	친환경 제품 개발 및 판매 확대
		E	**S**	G	임직원 안전 및 건강 관리 강화
		E	**S**	G	공급망 환경·인권 평가 및 모니터링
	교통, 호텔, 레저 및 서비스 산업	E	**S**	G	고객 만족도 제고 및 평판 관리
		E	S	**G**	기업 경영 전문성 강화
		E	S	G	환경 영향 최소화 노력
에너지, 자원 및 산업재 부문	에너지, 화학 산업	**E**	S	G	자원 효율성 증대 프로세스 및 기술 개발
		E	**S**	G	공급망 관리 및 리스크 평가
		E	S	G	임직원 안전 및 건강 관리 강화
	산업재 및 건설업	**E**	S	G	친환경 자재 구매(친환경 인증 목자재, 재활용 콘크리트 등)
		E	S	G	LCA 기반 친환경, 에너지 효율화 빌딩 건축, 사회·환경 리스크 관리
		E	**S**	G	임직원 안전 및 건강관리 강화
금융 부문	은행, 보험, 부동산업	E	S	**G**	지배구조 선진화(CEO 선임 투명성, 사외이사 독립성 강화 등)
		E	**S**	G	투명한 고객과의 커뮤니케이션 및 개인정보 관리
		E	**S**	G	금융 상품 개발 및 환경·사회 리스크 평가 및 관리의 확대
생명과학 및 헬스케어 부문	제약·바이오, 병원·의료 서비스 산업	**E**	S	G	기후변화가 비즈니스에 미치는 영향 파악 및 관리
		E	**S**	G	제품을 통한 글로벌 사회문제 해결(건강 & 웰니스 증진 등)
		E	**S**	G	연구 개발 강화 및 제품 개발을 위한 우수 인재 확보

주: 국내외 비재무평가 (DJSI, MSCI, CGS 등) 종합분석을 통한 산업별 우선순위 이슈
출처: 딜로이트 분석

섬유·패션산업은 scope3의 배출량 관리가 더욱 중요해지고 있다. 이처럼 산업의 대내외적 이슈를 토대로 분석된 데이터를 활용하는 것은 ESG 대응 과제를 실행하는 데 꼭 필요하다.

표 5.10 TCFD 4대 영역별 세부공시항목[12]

영역	세부공시항목
거버넌스	a) 기후변화 관련 리스크와 기회에 대한 이사회의 감독 b) 기후변화 관련 리스크와 기회를 평가하고 관리하는 경영진의 역할
전략	a) 기업이 식별한 단·중·장기 기후변화 관련 리스크와 기회 b) 기후변화 관련 리스크와 기회가 기업의 사업과 전략·재무 계획에 미치는 영향 c) 2℃ 시나리오를 포함해 다양한 기후변화 시나리오를 고려한 기업 전략의 회복탄력성
리스크 관리	a) 기후변화 관련 리스크를 식별하고 평가하기 위한 절차 b) 기후변화 관련 리스크를 관리하기 위한 절차 c) 기후변화 리스크 식별·평가·관리 절차가 기업의 전사 리키스 관리에 통합되는 방식
지표·목표	a) 기업의 전략과 리스크 관리 절차에 따라 기후변화 리스크와 기회 평가에 사용한 지표 b) 온실가스 배출량(Scope 1·2, 가능 시 3까지) 및 관련 리스크 c) 기후변화 리스크와 기회, 목표 대비 성과를 관리하기 위해 기업이 설정한 목표

출처: TCFD.

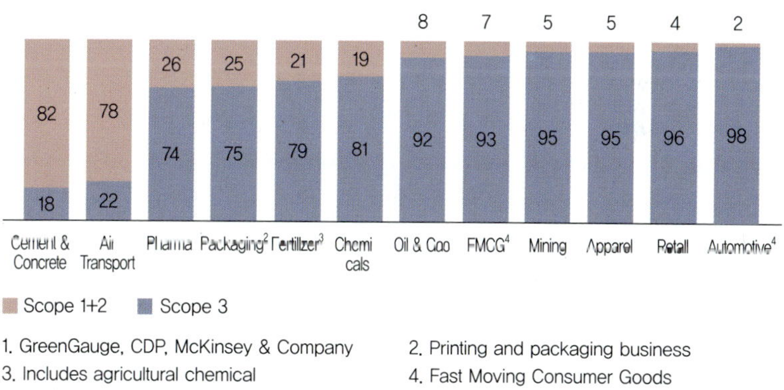

그림 5.7 산업별 scope3 배출량[13]

출처: WBCSD. https://www.wbcsd.org

온실가스 배출원 범위[14]

Scope 1(직접배출)

사업자가 소유하거나 통제하고 있는 배출원으로부터 나오는 배출로, 고정 · 이동 연소시설 등 연료의 직접 연소에 따른 온실가스 배출을 의미한다.

Scope 2(간접배출)

사업자의 활동 결과로 발생하였으나 다른 기관이 소유하거나 통제하는 배출원으로부터 나오는 배출로, 사업장에 필요한 전기, 스팀 등을 사용할 때 간접적으로 발생하는 온실가스 배출을 의미한다.

Scope 3(기타 간접배출)

Scope 3는 Scope 2의 간접배출원을 제외한 그 밖의 간접배출원으로, 사업장 경계(조직경계) 밖에서 발생하는 배출량을 의미한다. 임직원 출퇴근 및 출장, 프랜차이즈, 구매된 원재료 또는 1차 재료 생산 등과 같은 경계에서의 온실가스 배출량이 Scope 3에 해당한다.

2) 경영실행

선택과 집중

우선 단기적 실행이 가능한 분야부터 접근하기 위해 최소 요구수준을 달성하기 위한 사항들을 우선적으로 실행한다. ESG 관련 정책수립이나 데이터 관리, 또는 간단한 이해관계자와의 소통채널을 활성화하는 등 쉽고 빠르게 접근 가능한 부분을 우선 달성할 수 있도록 한다. 다음으로 중장기 과제를 위한 실행으로 ESG 경영 기반을 마련하는 데 집중한다. 담당조직을 구성하고 관리범위를 확대하는 등 전반적인 경영접근을 위해 장기적 관점에서 접근한다. 선택과 집중을 통한 실행순위가 결정되면 섬유·패션산업에서 요구하는 다양한 실행 이슈들을 토대로 실천하는 것이 효과적이다.

그림 5.8 ESG 실행을 위한 우선순위 선정 매트릭스

표 5.11 섬유 · 패션산업 스트림별 탄소배출 감축 제안[15]

제안	설명	해당 스트림
버려지는 재료	버려지는 자제를 최소화할 수 있는 생산 방법을 택한다. 제조와 관련된 모든 분야에서 가장 중요한 항목이다.	전체
생분해 재료	자연으로 돌아갈 수 있는 재료 사용을 늘린다. 이는 업, 미들 스트림과 다운 스트림의 포장에 관련된다.	전체
재활용 재료 사용	사용된 재료를 최대한 재사용하여 재료 사용 기간을 늘린다.	전체
재생에너지 사용	재생에너지를 적극적으로 사용한다. 이는 전 스트림에 해당하며, 에너지 사용 방식의 궁극적인 방법이다.	전체
근거리 거래	공급업체와의 물리적인 거리를 줄이고 네트워크를 합리화하여 직접적인 운송비용을 줄인다. 이는 업, 미들 스트림과 물류 및 배송이 중요한 이커머스 다운 스트림에도 해당한다. 운송거리를 줄이는 것은 탄소배출량을 직접 감소시킨다.	전체

(계속)

제안	설명	해당 스트림
협력업체 모니터링	협력업체가 탄소배출 감축에 참여할 수 있도록 독려하고 모니터링을 통해 공급자의 탄소 감축 실현 데이터를 관리한다. 이는 탄소배출 감축 방안을 설계한 주문자가 공급자의 생산 방식을 탄소배출 감축 방향으로 유도할 수 있는 가장 효과적인 방법이다.	업, 미들
디지털 기술을 이용한 수요 예측	이커머스 시장이 확대되면서 디지털 기술을 이용한 수요 예측이 가능해졌다. 적정량의 생산은 폐기물을 줄일 수 있는 다운 스트림의 최대 과제이며, 섬유·패션산업이 지향해야 하는 궁극적인 목적이다.	다운
견고한 제품 설계	견고한 제품을 만들어 오랜 기간 사용할 수 있도록 하며, 사용이 다한 제품은 소재와 부품을 재활용할 수 있는 순환섬유패션제품으로 기획한다.	다운 (완제품)

성과지표 관리

모든 데이터는 측정하고 수치화할 수 있도록 관리해야 한다. 자사의 ESG 경영활동을 측정할 수 있는 측정지표를 만들어 추세변화를 파악하고 주기적으로 관리할 수 있도록 하는 것이 중요하다. ESG의 재무적 성과 평가를 참조하여 전문가의 도움을 받아 성과지표를 만드는 것도 권고사항이다.

중소벤처기업진흥공단은 2019~2020년 정책자금을 지원한 기업 중 업력 3년 이상인 6,022곳을 대상으로 ESG 성과지표 분석결과를 발표한 결과, ESG 평균 점수는 100점 만점에 52.0점으로 2019년 45.3점보다 6.7점(14.8%) 상승했다. 환경(E) 39.7점, 사회(S) 47.6점, 지배구조(G) 68.8점 등으로 나타났으며, 세 분야 가운데 환경 점수가 상대적으로 낮았지만, 2019년 대비 증감률로 비교하면 21.6% 상승된 수치로 사회 13.1%, 지배구조 12.5%보다 높았다. 이는 2019년 환경 점수가 낮았지만 기후위기와 탄소중립에 대한 관심이 증가하면서 환경 부분의

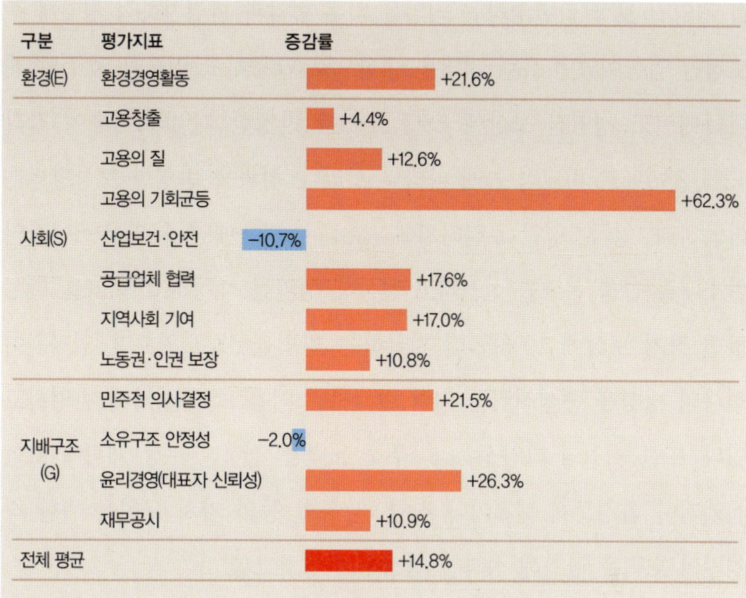

그림 5.9 2020년 중소벤처기업 ESG 성과지표(전년 대비 증감 기준)[16]
자료: 중소벤처기업진흥공단

증가폭이 가장 높게 나타나고 있음을 파악할 수 있다. 이처럼 연간 또는 분기별 등의 분석데이터를 활용하여 추세변화와 성과지표 관리를 할 수 있다.[17]

3) 성공대응 인센티브 및 보상제 도입

임직원 보상기준에 ESG를 포함하면 조직 내 성과달성이 빠르게 이루어진다. 기업의 ESG 경영 추진 노력과 성과에 따라 합당한 보상을 할 수 있는 가치측정체계를 만들어 관리하는 것이다. 최근 ESG 성과를 경영진 보상에 반영하는 기업은 기후 협약과 환경친화적 경영에 주도적인 입장이었던 유럽 지역을 중심으로 급증하고 있으며, 호주와 캐나다에서도 경영진 보상에 ESG 요소를 반영한 기업의 비중이 각각 42%, 33.7%로 비교적 높게 나타나고 있다. 성과를 반영한 보상방법은 다양하다. 영국기업인 로열더치셸Royal Dutch Shell은 매년 향후 3~5년간의 탄소배출 감축 목표를 설정하고 실사해 성과를 측정하고, 목표를 달성하면 장기 보상에 10%를 더 지급하는 방법을 쓰고 있으며, 임직원이 회사의 명성을 손상시키는 일이 발생하면 이를 ESG 성과에 반영하고 있다. 또한 기업의 다양성diversity 추구 노력을 경영진 보상 계획에 포함시키거나 환경문제 해결이나 직원 간 통합 등의 가치 구현을 위한 경영진의 노력을 평가해 성과급 책정에 반영하고 있다.[18]

ESG 성과를 보상제로 도입하는 것은 회사가 ESG의 경영실천을 중요시하는 수준을 반영하는 것으로, 이는 투자자의 요구사항이나 경영진 보상의 중요한 근거자료가 될 수 있다. 하지만 ESG는 그 범위가 무척이나 넓으며, 상황에 따라 주제별 중요도가 변하기도 하며, 성과측정이 까다로운 경우도 많고, 경영성과로 나타나는 데 오랜 시간이 소요되는 한계가 있다. 이를 고려하고 앞서 제시한 섬유·패션산업의 특성을 반영하여 적용하는 것이 필요하다.

표 5.12 경영진 보상에 ESG 요소를 반영한 국내외 기업 사례[19]

기업명	경영진 보상 방법
Royal Dutch Shell	탄소배출 감축 목표 설정: 매년 3~5년 목표를 설정하고 검토하여 반영 • 목표를 달성하면 장기 보상에 10%를 가중
PayPal 및 Equifax	임직원에 의해 야기된 명성의 손상 등을 ESG 성과에 반영
Danone	직원 참여도 및 기후변화 완화 목표를 충족하는지 여부에 따라 보상에 반영
Siemens	탄소배출량 감소, 직원 1인당 교육 시간, 고객만족도 지수의 3가지 지표로 구성한 '지속가능성 지수'와 연계하여 보상을 결정
Chipotle	경영진 보상 금액의 10%를 다음과 같은 3가지 ESG 목표 달성 여부와 연결하여 평가 • 음식 및 동물: 유기농 및 지역의 재생 농산물 구매량을 늘림 (2020년 3,100만 파운드 → 2021년 3,700만 파운드) • 직원: 인종 및 성별에 따른 임금 형평성을 유지하고 조직 발전을 위한 지원 프로그램 실시 • 환경: 2025년에 발표 예정이었던 Scope 3 배출량 공개 목표를 2021년 12월 31일까지로 앞당길 것
Unilever	장기보상계획(LTIP)에서 지속가능성 진행 지수에 따라 25%의 가중치를 부여 • 지속가능한 계획, 탄소배출량 감소, 지속가능한 팜유 사용 등의 성과에 따른 이사회 책임 및 보상위원회의 평가 보고서로 공시
Microsoft	다양성(Diversity)을 경영진 보상 계획에 포함
Nestlé	직원의 건강과 보수의 안정성을 경영진 보상 계획에 포함
BHP	경영진 보상에 기후변화, 에너지 사용의 지표를 포함
Apple	2021년부터 경영진의 현금 성과급 결정 시 ESG 관련 경영성과를 반영할 계획임을 발표 • 환경, 이사회 다양성, 직원 교육, 직원 간 통합, 보안성 등 6개 요소에 대한 경영진의 노력을 평가하여 성과급 책정에 반영할 계획
SK	2019년 KPI(Key Performance Indicator) 지표에 SK 그룹이 창출한 사회적 가치를 측정하여 반영하는 비율을 50%까지 늘리겠다고 발표
롯데그룹	2015년 12월 ESG를 사장단 평가에 반영하겠다고 공표하고 롯데 지속성장평가지표를 반영하였으며, 2019년부터는 ESG 평가 결과를 KPI에도 반영
현대자동차	2019년부터 비재무적 요소를 계량화한 ESG 등급을 경영자 성과지표에 반영

자료: International Corporate Governance Network, 2021, Integrating ESG into Executive Compensation Plans; Environment Energy Leader, 2021. 3. 5, Chipotle Links Executive Compensation to ESG Goals; Financial Times, 2021. 2. 13, New criteria for chiefs' bonuses: diversity and climate change; 각 기사 참조

5. 공시와 대응

공시는 기업이 일정한 내용을 공개적으로 게시해 일반에게 널리 알리는 것으로, ESG 경영에 대한 공시는 한 해 동안 기업이 실행해 온 지속가능경영에 대한 성과를 투명하게 공개하는 것을 말한다. 이는 조직 내부의 임직원뿐 아니라 주주, 채권자, 고객, 시장 참여자 등 모든 이해관계인에게 ESG 실행 수준을 사실 그대로 적시에 제공하는 것이다.

금융위원회에서 발표한 ESG 공시 의무화가 주요 이슈로 떠오르면서 기업에서는 ESG 경영실행을 통한 성과 공시를 준비하고 있다. 앞으로 기업들의 ESG 관련 공시가 단계적으로 의무화되어 2025년부터 자산 2조 원 이상의 코스피 상장사 공시 의무를 시작으로 2030년 모든 코스피 상장사들은 ESG 경영실적을 공시해야 한다. ESG 경영에는 공급망 관리와 협력사와의 관계가 포함되어 있고, ESG 경영성과 공시 대상이 지속적으로 확대되므로 그 영향이 중소기업에게까지 넓혀지고 있다. 따라서 기업의 지속가능경영보고서의 프레임워크 설정이 중요해지고 있다.

1) GRI Standards 및 SASB 프레임워크

GRI와 SASB는 지속가능경영보고에 관한 지침과 표준을 다루는 대표적인 지속가능성보고를 위한 프레임워크이다. 특히 GRI는 유엔글로벌콤팩트UNGC의 활동과 연관성이 깊으며 2017년 기준 세계 약 70%, 한국 약 98%가 이 기준을 적용하여 보고하고 있다.[20]

GRI Standards(Global Reporting Initiative Standards)

이 표준은 기업들이 경제, 환경, 사회에 미치는 영향에 관한 보고에 사용할 수 있도록 설계된 것으로 보고reporting 원칙에 초점을 맞추고 있다. GRI의 핵심은 지속가능성보고 표준이며, 이는 지난 20년 동안 지속적으로 개발되어 왔다. 2000년 발표된 GRI Guideline(G1)은 지속가능성보고를 위한 최초의 글로벌 프레임워크이며, 이후 G2~G4로 이어져 점차 개선되면서 2016년 최초의 글로벌 지속가능성보고 표준인 GRI Standards를 제시했다.

표 5.13 국제표준 GRI Standards 분류 내용[21]

분류	내용
일반표준 7개	기초(GRI 101 Foundation) – 보고 원칙, 보고서 작성 유의사항 2. 일반공개(GRI 102 General Disclosure) 조직 프로필, 경영전략, 윤리경영, 지배구조, 이해관계자 참여, 보고 프로필, 작성배경 등 3. 경영접근방식(GRI 103 Management Approach) – 어떤 항목이 왜 중요한지, 어디까지 발생하는지, 어떻게 관리되는지 등에 대한 기준
특정표준 34개	경제적 성과(GRI 200 Economic Standards): 6개 환경적 성과(GRI 300 Environmental Standards): 8개 사회적 성과(GRI 400 Social Standards): 19개
특징	모듈구조 보고 요구사항 명확하게 제시: 의무와 권고 구분 → 의무(shall), 공개권고(should) 3. 의무(requirements), 권고(recommendations), 지침(guidance)의 구분 명확한 방향 제시 4. 언어의 정확성(쉬운 언어 사용성)

출처: GRI Standards 2021.

GRI Standards는 경제 분야 6개 주제, 환경 분야 8개 주제, 사회 분야 19개 주제 등의 주제별 영향 보고를 위한 세부 지침과 글로벌 우수 사례를 제시한다. 보고 대상은 투자자를 포함한 모든 이해관계자이며 전 세계에서 가장 널리 채택된 글로벌 지속가능성보고 표준이다. 아래 ①~⑤의 표는 보고 원칙이며 지속가능경영보고서를 작성할 때 기준이 되는 프레임이다.

① 일반공개(GRI 102 General Disclosure): 공통주제

구분	지표	내용
조직 프로필	102-1	조직명칭
	102-2	활동 및 대표 브랜드, 제품 및 서비스
	102-3	본사위치
	102-4	사업지역
	102-5	소유구조 특성 및 법적 형태
	102-6	시장영역(제품 및 서비스의 제공위치, 고객 유형)
	102-7	조직규모(임직원 수, 사업장 수, 매출 및 순이익 등)
	102-8	임직원 및 근로자의 정보
	102-9	공급망
	102-10	조직 및 공급망의 중대한 변화(보고기간 내)
	102-11	사전예방 원칙 및 접근
	102-12	가입된 이니셔티브(사회헌장, 원칙, 규범 등)
	102-13	협회 구성현황
전략	102-14	최고의사결정권자(최고경영자) 성명서
	102-15	주요영향, 위기 및 기회
윤리 청렴	102-16	가치, 원칙, 표준, 행동강령
	102-17	윤리관리 안내 및 고충처리 메커니즘
거버넌스	102-18	지배구조
	102-19	권한위임 절차
	102-20	경제, 환경, 사회적 토픽에 대한 임원진의 책임
	102-21	이해관계자와 경제·환경·사회 토픽 협의
	102-22	최고의사결정기구와 산하위원회의 구성

(계속)

구분	지표	내용
거버넌스	102-23	최고의사결정기구의 의장
	102-24	최고의사결정기구 및 산하위원회의 임명과 선정 절차
	102-25	이해관계자 상충
	102-26	목적, 가치 및 전략 수립에 관한 최고의사결정기구의 역할
	102-27	최고의사결정기구의 공동지식 강화 및 개발절차
	102-28	최고의사결정기구의 성과평가에 대한 절차
	102-29	최고의사결정기구의 경제적, 환경적, 사회적 영향과 관리
	102-30	리스크 관리 절차의 효과성
	102-31	경제적, 환경적, 사회적 토픽에 대한 점검
	102-32	지속가능성보고에 대한 최고의사결정기구의 역할
	102-33	중요사항에 대한 최고의사결정기구의 보고 절차
	102-34	중요사항의 특성 및 보고 횟수
	102-35	보상 정책
	102-36	보수 결정 절차 및 보수자문위원 관련 여부
	102-37	보수에 대한 이해관계자의 참여
	102-38	연간 총 보상 비율
	102-39	연간 총 보상 인상률
이해관계자 참여	102-40	이해관계자 리스트
	102-41	전체 임직원 중 단체협약적용 비율
	102-42	이해관계자 파악 및 선정
	102-43	이해관계자 참여방식
	102-44	이해관계자 참여를 통해 제기된 핵심 토픽
보고서 관행	102-45	조직의 재무제표에 포함된 자회사 및 합작회사 리스트
	102-46	보고내용 및 토픽의 경제 정의
	102-47	보고서 내용 결정의 중요 토픽 리스트
	102-48	이전 보고서 기록의 정보수정 사항
	102-49	중요 토픽 및 주제범위에 대한 변화
	102-50	보고기간
	102-51	최근 보고서 발간 일자
	102-52	보고주기(매년, 격년 등)
	102-53	보고서에 대한 문의처
	102-54	GRI Standards에 대한 보고 방식
	102-55	적용한 GRI Index
	102-56	보고서 외부 검증

② 경영접근법(GRI 103 Management Approach): 공통주제

구분	지표	내용
경영접근법	103-1	중대 토픽과 그 경계에 대한 설명
	103-2	경영 접근 방식의 목적, 토픽 관리 방법
	103-3	경영방식 평가 절차, 결과, 조정사항

③ 경제적 성과(GRI 200 Economic Standards): 특정표준

구분	지표	내용
경제 성과	201-1	직접적인 경제가치 발생과 분배
	201-2	기후변화가 조직의 활동에 미치는 재무적 영향 및 기타 리스크
	201-3	조직의 연금제도 및 채무
	201-4	국가별 정보의 재정지원 금액
시장지위	202-1	사업장 지역의 최저임금과 비교한 성별 임금기준, 최저임금 보상평가 방안 등의 공개
	202-2	주요 사업장의 현지 고용 경영진 및 그에 대한 정의 공시
간접경제 효과	203-1	사회기반 시설투자 및 서비스 개발의 영향 (지역사회의 긍정적, 부정적 평가, 기부 등)
	203-2	주요 간접경제효과의 영향(긍정과 부정 포함)
조달관행	204-1	사업장에서의 현지 공급업체에 지급되는 구매비율
반부패	205-1	부패위험을 평가한 사업장의 수 및 비율
	205-2	반부패 정책 및 절차에 관한 공지와 관련교육 현황
	205-3	확인된 부패 사례와 이에 대한 조치
반경쟁적 행위	206-1	경쟁저해행위, 독과점 등 불공정한 거래행위에 대한 법적조치의 수와 그 결과
세금	207-1	세금 관리에 대한 접근법
	207-2	세금관련 거버넌스, 통제 및 리스크 관리
	207-3	세금관련 이해관계자 소통 및 고충처리 절차
	207-4	국가별 세무내역공시(연결재무제표가 포괄된 세무)

④ 환경적 성과(GRI 300 Environmental Standards): 특정표준

구분	지표	내용
원재료	301-1	사용된 원료의 중량과 부피
	301-2	재활용 원부자재 사용
	301-3	판매된 제품의 포장재 재생비율
에너지	302-1	조직 내부의 에너지 소비
	302-2	조직 외부에서의 에너지 소비
	302-3	에너지 집약도
	302-4	에너지 절감
	302-5	제품 및 서비스의 에너지 요구량 감축
용수	303-1	자원의 용수활용
	303-2	방류수 관련 영향 관리
	303-3	용수 취수량
	303-4	용수 방류량
	303-5	용수 사용량
생물다양성	304-1	생태계보호지역/주변지역 소유 및 임대, 관리되는 사업장
	304-2	생태계보호지역/주변지역 사업활동, 제품 및 서비스 등의 영향
	304-3	서식지 보호 및 복구활동
배출	305-1	직접온실가스 배출량(scpoe 1)
	305-2	간집온실가스 배출량(scpoe 2)
	305-3	기타 간접온실가스 배출량(scpoe 3)
	305-4	온실가스 배출 집약도
	305-5	온실가스 배출 감축
	305-6	오존파괴물질 배출
폐수 및 폐기물	306-1	폐기물 발생 및 폐기물 관련 주요 영향
	306-2	폐기물 관련 주요 영향관리
	306-3	폐기물 발생량 및 종류
	306-4	폐기물 재활용
	306-5	폐기물 매립
컴플라이언스	307-1	환경법 및 규정 위반에 따른 벌칙금 액수 및 비금전적 제재조치의 수
공급업체 환경평가	308-1	환경기준 심사를 거친 신규 공급업체
	308-2	공급망에 대한 부정적 환경영향에 대한 조치

⑤ 사회적 성과(GRI 400 Social Standards): 특정표준

구분	지표	내용
고용	401-1	신규채용, 퇴직자 수 및 비율
	401-2	상근직에 대한 복리후생
	401-3	육아휴직
노사관계	402-1	경영환경변화에 관한 최소 통지기간
산업안전보건	403-1	산업안전보건 시스템
	403-2	위험식별, 리스크 평가, 사고 조사
	403-3	산업보건 지원 프로그램
	403-4	산업안전보건에 대한 근로자 참여 및 커뮤니케이션
	403-5	직업 건강 및 안전에 대한 근로자 교육
	403-6	근로자 건강증진을 위한 프로그램 설명
	403-7	사업영향에 따른 산업보건 및 안전에 대한 예방과 보완
	403-8	산업안전보건 관리시스템의 적용을 받는 근로자
	403-9	업무관련 상해
	403-10	업무관련 질병
훈련 및 교육	404-1	임직원 1인당 평균 교육 시간
	404-2	임직원 역량 강화 및 전환 지원을 위한 프로그램
	404-3	업무성과 및 경력개발에 대한 근로자 교육 비율
다양성과 기회균등	405-1	거버넌스 조직 및 임직원 내 다양성
	405-2	남성 대비 여성의 기본급 및 보수 비율
차별금지	406-1	차별 건수 및 이에 대한 시정조치
결사 및 단체 교섭의 자유	407-1	결사 및 단체교섭의 자유 침해 위험이 있는 사업장 및 공급업체
아동노동	408-1	아동노동 발생위험이 있는 사업장 및 협력회사
강제노동	409-1	강제노동 발생위험이 있는 사업장 및 협력회사
보안관행	410-1	인권 정책 및 절차에 관한 훈련을 받은 보완요원
지역주민 권리	411-1	지역주민(원주민) 권리 침해 사건 수

(계속)

구분	지표	내용
인권평가	412-1	인권검토 및 인권영향평가 대상의 사업장 수와 비율
	412-2	사업과 관련된 인권정책 및 절차에 관한 임직원 교육
	412-3	인권조항 또는 인권심사 시행에 대한 투자협약과 계약
지역사회	413-1	지역사회 참여에 대한 프로그램 운영 비율
	413-2	지역사회의 부정적 영향에 대한 사업장 현황
공급망 관리	414-1	사회적 영향평가를 통한 신규 협력회사
	414-2	공급망 내 부정적 사회영향에 대한 시행조치
공공정책	415-1	국가별, 수혜자별 기부한 정치자금 총 규모
고객안전 보건	416-1	제품 및 서비스에 대한 안전보건 영향 평가
	416-2	제품 및 서비스의 안전보건 영향에 관한 규정위반 사항
마케팅 및 라벨링	417-1	라벨링에 의한 제품 및 서비스의 정보 제공
	417-2	라벨링에 관한 법률규정 및 자율규정 위반 사건
	417-3	마케팅 커뮤니케이션과 관련된 규정 위반
고객 정보 보호	418-1	고객 개인정보 보호 위반 및 고객 데이터 분실관련 건수
컴플라이언스	419-1	사회 및 경제적 측면의 관련규정 위반에 대한 벌칙금 액수

SASB(Sustainability Accounting Standards Board)

미 상장사 연간사업보고서에 적용되는 ESG 정보공개 가이드라인을 업종별로 제공하는 지속가능회계기준위원회Sustainability Accounting Standards Board: SASB는 산업별 중요성 맵Materiality Map을 통해 77개 산업에서 26개의 일반적인 지속가능성 이슈가 어떻게 나타나는지 시각적으로 보여준다. SASB는 11개 분야의 대분류에 77개 각 산업별로 기업을 구분하고 환경과 사회자본, 인적자본, 비즈니스모델, 리더십(지배구조) 등 5개 항목의 중요

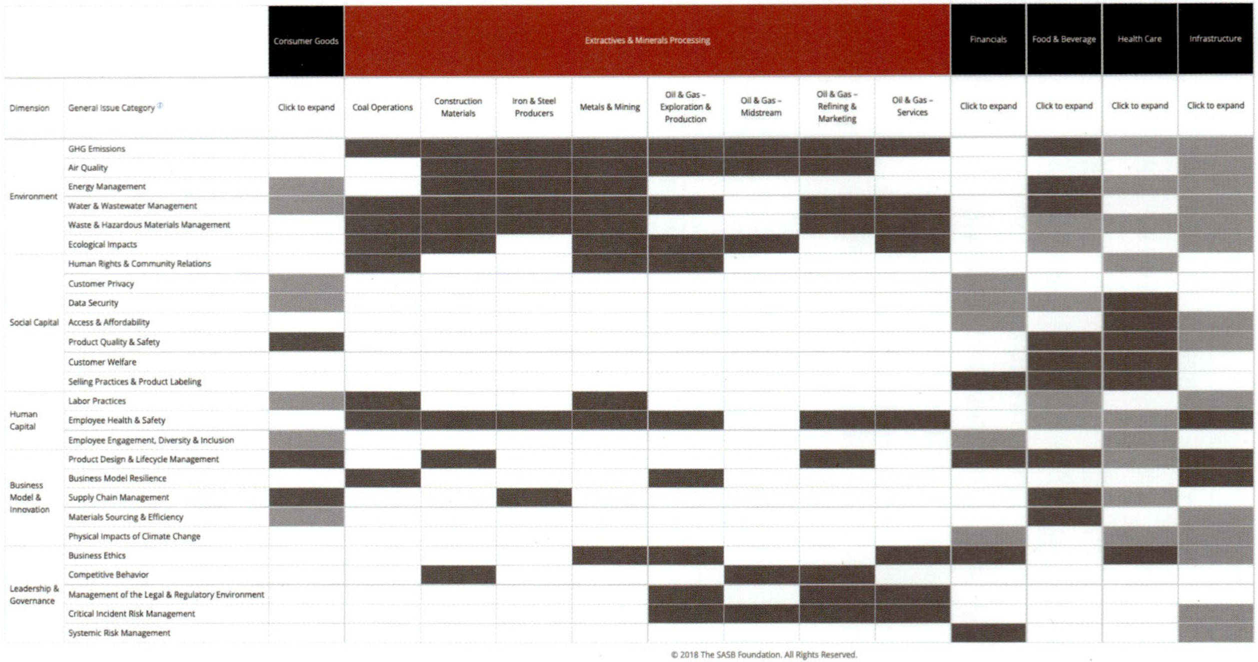

그림 5.10 SASB's Materiality Map[22]

출처: SASB. https://www.sasb.org

도를 제시하고 있다. 중요도는 3가지 음영색으로 구분해 섹터 내 산업의 50% 이상에 중요한 이슈가 될 가능성이 있는지를 구분하는 방식이다. 50% 이상 중요한지(짙은 음영), 그 이하인지(옅은 음영), 아니면 중요도가 없는지(흰색 음영)를 구분하는 것이다. 동일한 업종 내에서 지속가능성 위험과 기회를 쉽게 구분할 수 있도록 한 것이 특징이다(그림 5.10).

섬유·패션산업을 소비재consumer goods로 본다면 제품품질/안전product quality/safety에 대한 이슈와 제품디자인/라이프사이클product design/lifecycle에 대한 이슈, 공급체인관리supply chain mamagenent에 대한 이슈를 중대성에 따라 성과관리해야 한다는 의미로 해석할 수 있다. SASB에서는 의류 및 액세서리와 신발업종에 집중해야 할 구체적인 4개의 중요 주제 및 관리지표를 제시하고 있다(표 5.14).

국내외 섬유·패션기업은 글로벌 가이드라인GRI, SASB기반의 공시를 진행하고 있으며 원재료 조달과 공급망 관리, 유해환경물질 관리 등 기업의 특성을 반영한 내용을 포함하고 있다.

표 5.14 섬유 · 패션업종의 SASB 4개 중요 주제 및 관리지표[23]

중요 주제	배경	지표
제품 화학물질 관리	• **미국 소비자 제품 안전법**(Consumer Product Safety Improvement Act) 및 EU의 REACH(Registration, Evaluation, Authorization and Restriction of Chemicals)는 의류를 포함한 **소비자 사용 제품의 유해 물질**에 대한 이해관계자의 관심 및 법적 규제가 증가 • 액세서리 및 신발, 의류 및 신발에서는 금지되거나 규제된 화학물질이 포함된 경우가 발견된 경우가 있음. **특정 화학물질은 제품에 포함된 양이나 소비자 노출 정도에 따라 발암성**이 있을 수 있으며 인간과 기타 유기체의 호르몬 활동을 방해할 수 있음 • **리스크:** 화학물질 관리 미준수로 인해 회사의 라이선스에 영향을 미칠 수 있으며, 또한 제품에 유해한 화학물질이 존재하면 리콜, 소송 및 평판의 손상을 초래할 수 있음 • **기회:** 기업은 설계 및 제조의 모든 단계에서의 화학물질의 사용을 관리하고, 안전한 대안을 개발하며, 금지된 물질을 제거할 수 있음. **아웃소싱 제조에 대한 의존도가 높은 업종인 만큼 공급업체와의 적극적인 파트너십** 역시 중요	• 제한물질 규정 준수를 위한 프로세스 설명 • 제품 화학물질 관련 위험 및 유해요소를 평가하고 관리하기 위한 프로세스 설명
공급망에서의 환경영향	• 의류, 액세서리 및 신발 산업의 글로벌 공급망은 **물 소비**와 **수질오염** 및 **대기오염**과 같은 부정적 환경영향을 미칠 수 있음, **수질오염**은 물을 많이 사용하는 염색 및 무두질 공정에서 화학물질의 배출로 인해 발생하며, **대기오염**은 업계의 에너지 사용으로 인해 발생 • **리스크:** 오염물질 배출은 회사 명성 훼손 및 재무에 악영향을 미칠 수 있음. 특히 산업 특성상 **환경규제와 감독이 미흡한 신흥 시장에서 제조**가 이루어지는 만큼 환경관련 문제가 역사적으로 지속되어 오고 있음 • **기회:** 공급업체와 협력하여 운영 효율성과 자원 소비를 개선하고 오염을 감소시킬 수 있음. 또한 모니터링, 감사 및 엄격한 기준을 적용하여 공급업체와 협력하는 기업은 장기적으로 주주가치를 보호하는 데 더욱 유리할 수 있음	• 폐수 배출 허가 및 계약사항을 이행하는 (1) Tier 1 공급업체 시설 비율, (2) Tier 1 범위 외 공급업체 시설 비율 • 지속가능의류연합의 힉스 설비 환경 모듈(Higg FEM) 평가 또는 이와 유사한 환경 데이터 평가를 완료한 (1) Tier 1 공급업체 시설 비율, (2) Tier 1 범위 외 공급업체 시설 비율

출처: 2021년 한국의류학회 추계학술대회 발표집.

표 5.15 GRI와 SASB의 비교

	GRI	SASB
개발자	• GRI(Global Reporting Initiative) • 1997년 설립 • 네델란드(본사)	• SASB(Sustainability Accounting Standards Board) • 2012년 설립 • 미국(본사)
개요	• 기후변화 관련 보고 • Carbon Footprint 영향 • 지속가능보고서에 대한 가이드라인 제공	• 금융/투자자 관련 보고 • 기후변화가 미치는 재무적 영향 • 미 상장사 연간사업보고서에 적용되는 ESG 정보 공개 가이드라인 제공(업종별)
목적	• 비즈니스를 통해 발생하는 지속가능 관련 영향을 이해관계자와 소통할 수 있도록 함	• 투자자들의 의사결정에 영향을 줄 수 있는 지속가능성 주제를 식별하고, 관리하며, 보고하는 데 도움
내용 구성	• 비재무적 성과 • 기업 및 기관에 공통적으로 적용되는 정보공개 기준 제시 • 경제·환경·사회 분야별 지표 구체화	• 경제적 ESG 성과 • 11개 분야/77개 산업별 ESG 정보공개 지표 제시 • 산업별 중요 ESG 이슈 항목 공개

2) 지속가능경영보고서 작성과 공개

지속가능경영보고서 또는 사회책임Corporate Social Responsibility: CSR보고서와 같은 비재무적 성과non-financial performance에 대한 보고는 전 세계적으로 투자자들을 대상으로 요구도가 높게 나타나고 있으며, 기업과 관련한 이해관계자에게서도 그 영향력이 높아지고 있다. 지속가능경영보고서의 핵심은 보고서에 기재되는 원자료를 투명하게 공개하고 이해관계자와 공동으로 작성하는 것이다. 따라서 지속가능성 전략과 직접적인 관련이 있는 핵심성과지표Key Performance Indicator: KPI를 식별하고 측정되는 방법을 제시해야 한다.

정보공개 원칙

보고서는 균형 잡히고 투명한 방식으로 정보를 제시하여야 하며, 성과를 제시하되 동시에 ESG 경영 목표로 인하여 생겨나는 부정적인 부분과 저조한 성과에 대해서도 포함시켜야 한다. 개선이 필요한 부분과 대안을 작성하고 비즈니스 모델과 기업의 책임을 전략 및 성과에 대한 논의에 포함시켜 작성하면 효과적이다. GRI는 보고서 작성 시 정보공개 원칙을 6가지로 제시하고 있으니 이를 활용할 수 있다.

표 5.16 GRI 정보공개 원칙[24]

	구분	내용
1	균형 (Balance)	조직의 전반적인 성과에 대해 합리적으로 평가할 수 있도록 보고서에서 긍정적인 측면과 부정적인 측면 모두가 다루어져야 한다.
2	비교가능성 (Comparability)	조직은 일관성 있게 정보를 선정, 편집, 보고해야 한다. 또한 이해관계자가 시간에 따른 조직의 성과변화를 분석할 수 있고 다른 조직에 관한 분석에 도움이 되는 방식으로 정보를 제공해야 한다. 조직의 경제적, 사회적, 환경적 성과에 관한 정보를 조직의 이전 성과 및 목표와 비교해서, 그리고 가능한 범위 내에서 다른 조직의 성과와 비교해 볼 수 있어야 한다.
3	정확성 (Accuracy)	보고서의 정보는 이해관계자가 조직의 성과를 평가할 수 있을 정도로 정확하고 상세해야 한다.
4	적시성 (Timeliness)	이해관계자가 적시에 정보를 사용하여 현명한 의사결정을 할 수 있도록 조직은 정기적으로 보고를 해야 한다.
5	명확성 (Clarity)	조직은 보고서를 활용하는 이해관계자가 쉽게 이해하고 접근할 수 있는 방식으로 정보를 제시해야 한다.
6	신뢰성 (Verifiability)	조직은 차후 검토 과정을 거쳐 정보의 품질과 중대성을 확립할 수 있도록 보고서 작성에 사용한 정보와 프로세스를 수집, 기획, 편집, 분석, 공개해야 한다.

출처: GRI. https://www.globalreporting.org

2019년 길단스포츠 지속가능경영보고서 성과데이터 공시와 ESG 경영현황[25]

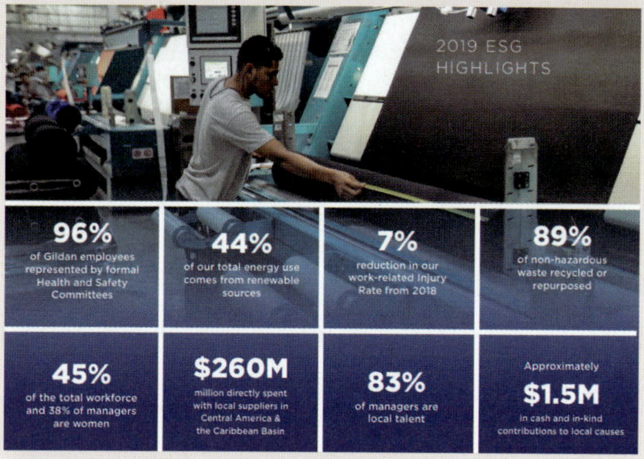

출처: 길단스포츠 2019년 지속가능경영보고서

길단스포츠의 2019년 ESG 경영실적

- 월스트리트 저널(The Wall Street Journal)이 선정한 가장 지속가능성이 높은 100대 기업 - 32위
- 다우존스 지속가능성 지수 - 8년 연속 편입
- CDP 기후변화 보고서 - A 점수로 리더십 밴드에 포함
- SAM Sustainability Yearbook - 8년 연속 포함
- UNDAHRSE CSR Seal - 13회 연속 편입
- 패션투명성지수 - 상위 5위 브랜드

2019년 ESG 데이터 공시 하이라이트

- 안전보건 관련 위원회구성: 임직원 96% 참여
- 전체 에너지 사용량의 44%: 재생가능한 자원 활용
- 2018년부터 업무관련 상해율 7% 감소
- 위험요소 용도 변경: 89%
- 전체 임직원의 45% 및 관리직 38% 여성
- 중앙아메리카, 카리브해 분지의 현지 공급업체와 로컬협약 지출액 $260mil
- 관리자의 83%가 현지 인재 활용
- 150만 달러의 현금과 현물 기부활동

3) 제3자 검증

지속가능경영보고서와 보고 프로세스에 대한 신뢰를 확보하기 위해 제3자 검증을 받는다. 검증은 작성된 보고서의 내용과 보고서 관련 활동 등을 제3자 검증기관이 일련의 검증원칙에 따라 독립적으로 검토함으로써, 이해관계자들에게 보고서의 신뢰성과 유효성을 보장하기 위한 것이다. 이는 이해관계자들의 올바른 의사결정에 도움을 주고, 기업에게는 지속적인 개선사항을 제시해 줄 수 있다. 현재 우리나라는 자율 공시와 자율 인증 단계에 있지만, 앞으로 공시 의무화가 시작되면 제3자 검증은 피해갈 수 없는 절차가 될 것이다.

주요 ESG 정보 검증 표준으로는 영국의 비영리단체 어카운터빌리티AccountAbility가 제정한 AA1000AS, AA1000AP와 국제회계사연맹IFAC 산하 국제감사인증기준위원회IAASB가 만든 ISAE 3000 등이 있다. 현재 지속가능경영보고서에 대한 검증표준으로 국내에서 가장 널리 적용되는 것은 AA1000 어카운트빌리티AccountAbility, AA 원칙이다. 이를 적용하여 제3자 검증 의견서를 작성하는 것이다.

AA1000 어카운트빌리티 원칙 적용

AccountAbility의 AA1000AS 기준은 포괄성, 중대성, 대응성, 임팩트 등 4대 원칙으로 구성되어 있다. 이는 이해관계자의 포함, 주요 이슈, 이해관계자의 관심도 등에 잘 대응하고 있는지를 확인하며, 기업경영 활동을 스스로 모니터링하고 성과를 측정하는지를 중점적으로 확인할 수 있다.

각 4대 원칙의 내용은 다음과 같다.

포괄성(Inclusivity): 자신에게 영향을 미치는 결정에 대해 발언권을 갖는 것이다. 기업이 이해관계자를 식별하고 주제를 상정하며, 설정된 주제에 대한 전략적 대응방안을 마련하는 과정에 이해관계자를 참여하도록 하는 것이다.

중대성(Materiality): 의사 결정권자는 어떤 지속가능성 문제가 중요한지 명확하게 식별해야 한다. 기업은 설정된 주제에 관하여 기업과 이해관계자에 대한 효과를 고려하여 가장 관련성이 높은 지속가능성 주제를 식별하고 우선순위를 결정해야 한다.

대응성(Responsiveness): 조직은 지속가능성 문제와 그 영향을 투명하고 효과적으로 처리해야 한다.

임팩트(Impact): 조직은 활동을 모니터링하고 측정해야 한다. 기업의 행동이 주변 생태계에 미치는 영향에 대해 책임을 져야 하는 것이다.

ISAE 3000(International Standards on Assurance Engagement 3000)

국제적으로는 ESG 보고서를 비롯한 지속가능경영보고서 인증에 가장 많이 사용되는 인증기준이다. 재무정보에 대한 감사, 검토를 제외한 모든 인증업무에 적용되는 범용기준으로 인증업무 기준과 관련 있는 모든 요구사항을 준수해야 하며, 요구사항 중 일부만 준수하는 것은 허용되지 않을 만큼 엄격하게 적용된다. 또한 인증인의 독립성 등 윤리적 요구사항을 충족하여야 한다.

업무를 수행하는 팀을 전체로 봤을 때 적합한 적격성과 역할을 보유하고 있는지, 인증업무를 위한 전제조건들이 존재하는지, 인증업무 조건에 대해 인증인과 업무의뢰자의 이해가 동일한지 등도 확인하는 등 업무가 수행될 기초조건에 대한 합의를 요구하고 있고, 적정·한정·부적정·결론 거절과 같이 명확한 기준이 있어 ISAE 3000이 AA1000AS보다 정보의 범위가 더 넓고 이해관계자의 신뢰도를 더 신중하게 검증한다고 볼 수 있다.[26]

4) 이해관계자 소통

기업의 ESG 추진전략과 혁신활동에 대한 지속가능경영보고서의 공시는 이해관계자와의 소통의 체제이다. 보고서 공시 및 활동공개를 통하여 각종 평가에 대응하고 그에 따른 피드백을 통해 지속적인 개선활동을 할 수 있다. 홈페이지 등을 통한 외부공개뿐 아니라 이해관계자 간 소통시스템을 구축하여 기업과 관련한 모든 이해관계자들이 함께 공유할 수 있도록 전략적으로 접근하여야 한다. 보고서 검토 후 이해관계자로부터 성과에 대한 의견을 수렴하고, ESG 경영 의사결정에 반영되는 표준적인 절차를 개선하며, 그에 따른 피드백을 점검할 수 있다. 또한 정책 실행과 관련하여 공식 채널을 통해 확인한 이해관계자의 이슈와 처리 건수, 기간별 소통결과를 주요 성과로 관리하면 ESG 공시에 대한 재검증이 될 것이다. 이를 통해 이해관계자와의 지속적 소통으로 니즈를 파악하고, 신뢰관계를 구축할 수 있다.

5) 공시범위 확대

ESG 경영성과의 시작이 국내 특정 사업체나 기관, 투자자에 한정되어 이루어졌다면 이후 그 범위를 넓혀 국외 사업장 또는 계열사를 포함한 폭넓은 이해관계자 차원으로까지 확대하기 위한 절차를 준비해야 한다. 전사적으로 데이터 관리 시스템이 구축되고 모니터링이 가능해지면서 ESG 경영을 위한 추가적 목표설정과 전략수립까지 공시 범위를 확대할 필요가 있다. 성과를 데이터로 관리하면 필요한 활동과 불필요한 활동을 쉽게 구분할 수 있어 각 활동의 우선순위를 도출하기 쉬워지므로 공시 범위를 확대하는 것이 더욱 용이해질 것이다.

지속적으로 보고서를 발간한 기업들은 보고서 작성 때 자사 기업만의 프레임워크를 가지고 스스로 작성하는 연습을 하는 것이 필요하다. 글로벌 가이드라인을 철저히 활용하되, 기업의 상황에 맞는 자체 프레임워크를 개발하여 담당자가 바뀌더라도 보고서 작성 업무가 가능하도록 시스템화되어 있어야 한다.

참고문헌

1) 중소벤처기업진흥공단. (n.d.). ESG 자가진단. https://3t.kosmes.or.kr/registn2/login.do

2) 산업통상자원부. (2021, 12). K-ESG 가이드라인 v1.0. pp. 44-45.

3) 산업통상자원부. (2021, 12). K-ESG 가이드라인 v1.0. p. 48.

4) 문병훈. (2022, 11. 2). 업종 최초 섬유패션 맞춤형 ESG평가 기준 공개. 패션서울. https://fashionseoul.com/221098

5) 효성. (2021). Global practice for sustainability: 2021 지속가능경영보고서.

6) United Nations. (n.d.). The 17 goals. https://sdgs.un.org/goals

7) 휠라홀딩스. (2021). 2021년 지속가능경영보고서.

8) 한세예스24홀딩스. (2021). 2021 한세예스24홀딩스 지속가능경영보고서.

9) 휠라홀딩스. (2021). 2021년 지속가능경영보고서.

10) 딜로이트 안진회계법인. (2020). 한국 기업들의 ESG 경영을 위한 변화. https://www2.deloitte.com/kr/ko.html

11) 딜로이트 안진회계법인. (2020). 한국기업들의 ESG 경영을 위한 변화. https://www2.deloitte.com/kr/ko.html

12) TCFD. (2022, 10). 2022 Status report.

13) WBCSD. (2021, 11. 9). Pathfinder framework: Guidance for the accounting and exchange of product life cycle emissions. https://www.wbcsd.org

14) 중소벤처기업부. (2022. 1). 중소기업용 탄소배출관리 가이드라인. ASEM 중소기업친환경혁신센터. http://asemsmenetzero.com/

15) 김성준. (2022, 11. 1). 업종 최초 섬유패션 맞춤형 'ESG평가 기준' 공개. TIN뉴스. http://m.tinnews.co.kr/a.html?uid=23701&sc=

16) 김수연. (2021, 9. 24). 지난해 중소베처 ESG 성과지표 평균 52.0점…전면 대비 14.8% 상승. 조선미디어. https://futurechosun.com/archives/59206

17) 김수연. (2021, 9. 24). 지난해 중소베처 ESG 성과지표 평균 52.0점…전면 대비 14.8% 상승. 조선미디어. https://futurechosun.com/archives/59206

18) 김민정. (2022, 6. 16). 마스터카드 ESG 성과 보상, 경영진에서 전 직원으로 확대. ESG 경제. www.esgeconomy.com/news/articleView.html?idxno=2252

19) 자본시장연구원. (2021, 5. 4). 경영진 보상에 대한 ESG 요소 반영 추세. 자본시장 포커스 10호. https://www.kcmi.re.kr/publications/pub_detail_view?syear=2021&zcd=002001016&zno=1596&cno=5696

20) 서지윤. (2017, 6. 4). GRI 사회보고 기준, G4에서 Standard로 바뀐다. 지속가능채널. http://m.sjournal.kr/news/articleView.html?idxno=231

21) GRI. (n.d.). GRI Standards. https://www.globalreporting.org/standards

22) SASB 홈페이지. (n.d.). SASB's materiality map. https://www.sasb.org/standards/materiality-map/

23) 선진영. (2021). 섬유소재산업의 ESG대응: ESG공시와 평가를 중심으로, 2021년 한국의류학회 추계학술대회 발표집.

24) GRI 홈페이지. https://www.globalreporting.org/

25) GILDAN. (n.d.). 2019 genuine responsibility esg report. https://retail.gildan.com

26) 이정수. (2021, 11. 16). 보고서 인증 기준, 정보 신뢰성 제고해야. 조선일보. https://biz.chosun.com/stock/stock_general/2021/11/16/DKQU5HCEUVHG5FRQSHACTGQHFQ

Supplement

부록

중장기 ESG 경영계획서

중장기 ESG 경영계획서

작성일: ○○○○. ○○. ○○

IMPACT 2025

주식회사 ○○○

목 차

1. 기업개요

회사명		대표자	
사업자등록번호		설립일자	
전화번호		팩스번호	
사업장 주소			
업종		종업원 수	
주요 제품 및 서비스			
사이트			
회사이력	년도	주요 이력	

1) 기업현황

① 회사 조직도

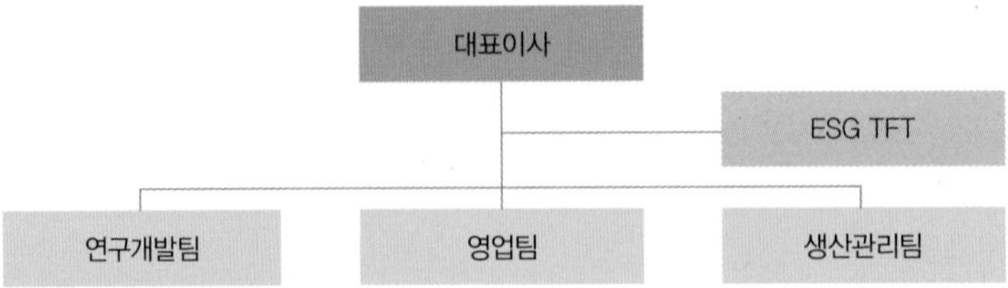

*조직 내 ESG 경영 TFT를 구성하거나 담당자를 두어 관리할 수 있도록 한다.

② 생산제품

주요 거래처			생산제품		
NO	거래처	비중(%)			
1	수출(아시아)				
2	수출(미주)				
3	내수				
4	기타				

③ 지적재산권 현황(특허, 인증 등)

No	구분	등록일	등록번호	내용	권리자
1	특허				
2	특허				
3	특허				
4	인증				
5	인증				
6	인증				

* 특허와 인증을 구분하여 작성한다.

④ 기업특성

1.	2.	3.

2) 사업 및 재무현황

① 주요 사업영역

구분	주요 사업

② 재무현황

구분	2019년	2020년	2021년
(재무상태표)			
자산			
부채			
사본			
(손익계산서)			
매출액			
영업이익			
당기순이익			

* 현재 시점 기준 3차년도의 성과를 비교하여 추세변화를 관찰할 수 있도록 작성한다.

3) 회사 비전

① 비전:

② 경영철학:

③ 미션:

2. ESG 경영현황 점검결과

1) 경제성과(예시)

재무제표 성과는 자산, 부채, 자본으로 구분하고 손익계산서는 매출액, 매출원가, 영업손익, 당기순이익에 대하여 가치향상을 추구하고 있음. 2020년 대비 2021년 매출성과가 20% 이상 높게 나타났으며, 영업이익 및 당기순이익 또한 다소 높게 나타나 기업의 지속적 성장률이 우수하게 평가됨. 이에 따라 이해관계자 수익창출을 위하여 지속적으로 노력하여 성과를 달성하고 있음을 알 수 있으며 정기적인 의사소통을 통해 이슈 과제를 개선하여 성과경영을 높이기 위해 전 임직원이 노력하고 있음.

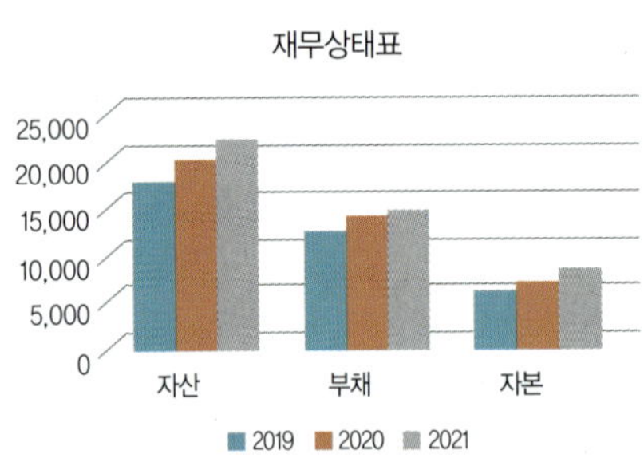

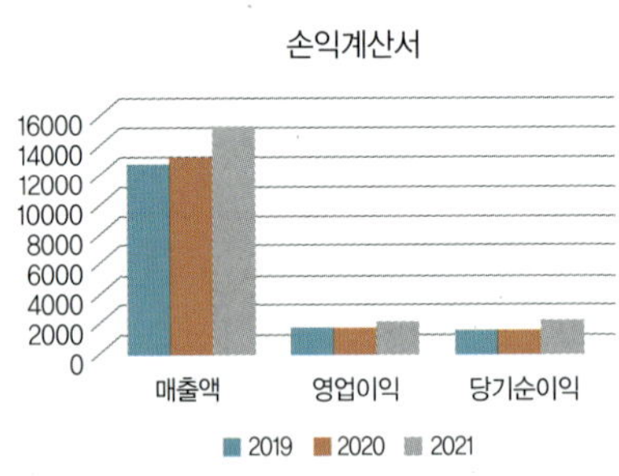

2) 동종산업 대비 경영성과(예시)

2019년 대비 2020년 성과에서 동종업계 산업평균보다 성장성 부분에서 발전적 성과를 보이고 있음. 수익성 부분에서 다소 저조한 성과가 보여지기는 하지만 매년 지속적으로 수익성이 향상되고 있어 기업 측면에서는 긍정적 효과가 보여짐. 부채비율 또한 동종산업 대비 높게 측정되고 있지만 매년 그 비율이 감소하고 있고 매출이 상향되고 있어 발전적 성장이 기대됨.

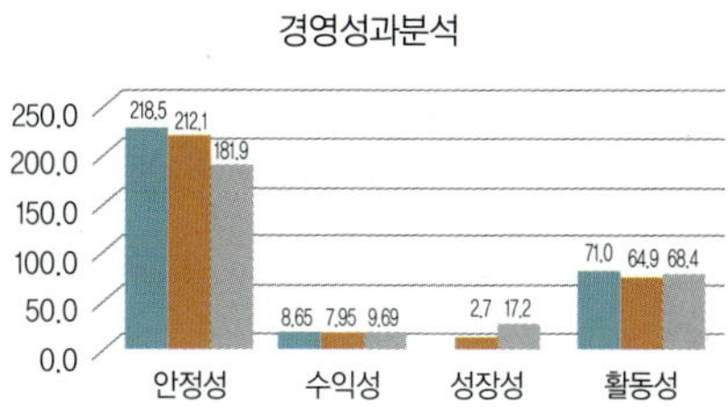

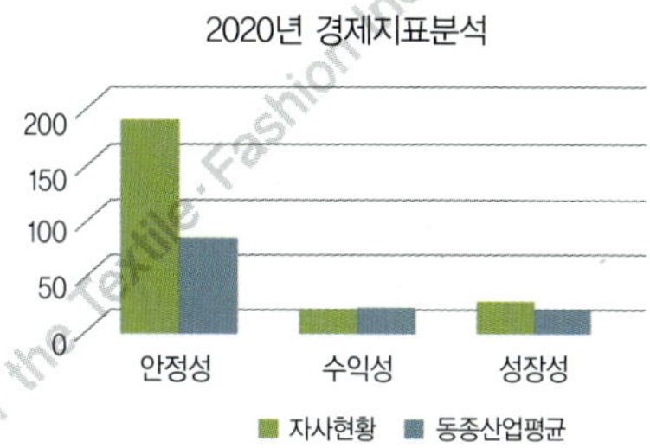

[2020년 동종산업대비 경제지표 성과표]

(단위%)

경제지표		우리기업			동종산업 평균	
		2019	2020	2021	2019	2020
안정성	부채비율					
수익성	영업이익율					
성장성	매출액증가율					
활동성	총자산회전율					

3) ESG 경영진단

(1) 내/외부 환경분석(SWOT)

내부환경 / 외부환경	Strength(강점)	Weakness(약점)
	작성	작성
Opportunity(기회)	SO전략(시장공격)	**WO전략(효율제고/단기보완)**
작성	작성	작성
Threat(위협)	**ST전략(리스크해결방안)**	WT전략(장기보완전략)
작성	작성	작성

(2) ESG 자가진단 결과분석(예시)

[진단항목 제외 내용]

No	평가영역	문항수	제외	제외영역
1	경영전략	5		
2	환경	10	2	3, 6 해당사항 없음으로 제외
3	사회	18	3	8, 9, 10 해당사항 없음으로 제외
4	지배구조	12		
5	ESG 정책	6		
합계		**51**	**5**	
비율		**100%**	**10%**	

* 자가진단 체크리스트에서 각 항목별 수준을 체크하고 해당없음을 구분하여 제외내용을 작성한다.

[진단결과 평점비교]

No	평가항목	취득점수/만점점수	배점	평점
1	경영전략	11/25	100	44
2	환경	22/40	100	55
3	사회	43/75	100	57
4	지배구조	32/60	100	53
5	ESG 정책	14/30	100	46
평균			**100**	**51**

* 자가진단 체크리스트에서 각 항목별 수준을 체크하여 취득점수를 확인한다.

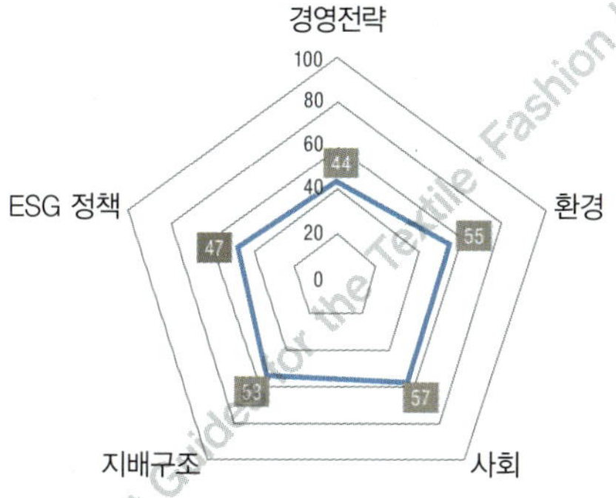

[ESG 경영현황 레이더차트 분석]

* 자가진단 체크리스트 결과를 토대로 레이더차트를 작성하여 가시적 성과를 확인한다.

종합점수는 100점 기준 51점으로 ESG 경영실행에 있어 진행률이 보통인 것으로 나타나며, 중소기업 평균실행 정도 대비 다소 낮은 점수로 도출됨(평균 53~58점). ESG 경영실행요소는 각각 100점 배점기준 경영전략 44점, 환경경영 55점, 사회경영 57점, 지배구조 53점, ESG 정책 측면에서 46점 배점되어 경영전략과 ESG 정책적 측면에서 그 실행률이 매우 저조함을 알 수 있음. 특히 경영전략적 측면에서는 타사 대비 실행률이 매우 저조하여 관련된 개선 활동이 시급한 것으로 분석됨.

[진단결과에 대한 주요 문제점 및 개선방안]

영역 구분	문항번호	주요 문제점 및 개선방안
경영전략	1-1 1-4	최고경영자의 ESG 경영에 대한 인식전환 경영 목표는 정기적 회의 및 KPI를 설정하여 관리하는 것이 필요하며 홈페이지 등을 통한 의사소통 공간 마련 확립. 이행현황점검표를 통한 주기적 측정
환경	2-2	'전사 거버넌스', '전사 전담조직', '자원 및 역량', '이행현황 점검 시스템', '구성원 성과평가 지표' 구축 여부를 측정
	2-3	작성
	2-4	작성
	2-7	작성
	2-10	작성
사회	3-2	조직이 중요하게 생각하는 사회 분야의 이슈에 대하여, 재무적 가치와 사회적 가치의 균형점을 찾는 구체적인 목표를 설정. ESG(지속가능경영)보고서를 통해 사회 분야 핵심 토픽에 대한 목표 및 성과 관리현황을 측정
	3-7	작성
	3-12,13	작성
	3-14	작성
지배구조	4-1	ESG에 대한 외부검증원이나 내부 TFT를 구성하여 관리
	4-2	조직원과의 소통채널 개설
	4-3	작성
	4-6	작성
	4-11	작성
	4-12	작성
ESG 정책	5-1	조직의 홈페이지, 지속가능경영보고서, 사업보고서, 기타 간행물 등에 ESG 정보가 종합적으로 수록되어 있는지, ESG 정보공시 여부를 대외에 알리는지 측정 〈ESG 핵심 이슈 및 KP〉 조직이 사업적/사회적 영향력이 높은 핵심 이슈에 대해 '위험 및 기회 요인', '이슈 관리를 위한 시스템 및 절차', '이슈 관리현황을 점검할 수 있는 성과지표'의 공시 여부를 확인
	5-2	작성
	5-3,4,5,6	작성

* 자가진단 체크리트의 문항번호에서 2점(데이터화되어 있으나 실행 미비) 이하 배점을 중심으로 작성한다.

(3) 이해관계자와 주요 이슈(예시)

NO	이해관계자	소통	주요 이슈
1	임직원	• 소통채널(게시판, SNS 등) • 경영성과 회의 • 직원 교육 • 워크숍	• 공정한 보상(인센티브제) • 경영성과 공유 • 의사소통 • 근로복지 • 안전보건
2	협력사	• 공정거래 • 간담회 • 품질보증 • 기술지도 및 교육	• 공정거래 • 지속가능한 경영과 협력 • ESG 리스크 인지 • 기술지도 및 교육 • 행동규범
3	작성	작성	작성
4	작성	작성	작성
5	작성	작성	작성

* 기업의 이해관계자 현황을 파악하고 그에 따른 이슈와 소통방법을 작성한다.

(4) 리스크 대응(예시)

주요 내용	위협과 기회	대응방향
MZ세대 소비파워 (친환경소비 확산)	• 소비자의 기업평가요소변화 (탄소배출 저감 인식 확산) • MZ세대 친환경제품 선호 및 가치소비 상승	• 환경변화 대응제품 개발 (재활용 및 재사용제품 개발) • 환경데이터 측정과 관리
공급망 지역화	• 교역 이동제한으로 인한 공급망 불확실화 • 지역화를 위한 환경과 사회에 대한 규제 강화	• 환경규제관련 외부인증 획득 • 사회적 책임활동 관리 • 투명경영실천
작성	작성	작성
작성	작성	작성

3. 중장기 실행과제 도출

1) ESG 전략 목표(예시)

혁신(Innovation)
창조적인 새로움의 지속적 도전

지속가능(Sustainability)
다음세대를 위한 지속적 가치창출

4대 핵심가치

책임(Responsibility)
경제와 사회를 위한 책임 있는 노력

고객지향(Customer-orientation)
고객중심 사고

↓

비전

〈건강한 삶 보장과 웰빙 증진〉
가. 신생아 및 아동의 건강한 삶 보장(숙면을 통한 건강회복)
나. 유기농 인증 및 재생유기농법을 통한 지속가능경영

〈기후변화 대응〉
13.3 기후변화의 완화, 적응, 영향 감소, 조기 경보 등에 관한, 교육, 인식제고, 인직·제도적 역량을 강화
가. 기후변화 대응제품 개발
나. 이해관계자 교육과 네트워크

경영전략	환경	사회	지배구조	정책
목표설정	GHG 배출 추세변화 (Scope 1&2, Scope 3)	취약계층대상 또는 지역주민 공헌활동 20% 확대	내외부 윤리강령 개적	이해관계자 소통채널 개설
목표공시	원부자재 관리 및 모니터링	공급망 공정거래, 근거리아웃소싱 실천		비재무적성과 공시
이행현황 점검표	환경경영 시스템 인증			전 직원 교육률 20% 이상 참여달성

↓ ↓ ↓

지속가능경영보고서 작성 및 공시(2025년)

2) 전략과제 및 실행과제 도출(예시)

[ESG 목표설정에 대한 달성기준 및 실행방법]

NO	영역	우선항목	목표달성기준	데이터관리/이행
1	**경영전략**	경영 목표설정 및 공시	2022년 공시	홈페이지 등 공시 이행현황점검표 관리
2	**환경**	GHG 배출(Scope 1&2) 10% 감소 GHG 배출(Scope 3) 관리체제 구축	2021년 대비–2025년 성과	점검기준표 분기별 배출량 측정 기록지
		원부자재 관리 및 모니터링		'연평균 성장률(CAGR, Compound Annual Growth Rate)'을 활용하여 지난 5개년간 원단위 원부자재 사용량 비율의 증가 또는 감소 추세표
		환경경영시스템 인증	작성	작성
3	**사회**	취약계층대상 또는 지역주민 공헌활동 20% 확대	2021년 대비–2023년 성과	이행점검표(현물/현금 구분) 금액, 참여자 인센티브 도입 성과 지표서
		작성	작성	작성
4	**지배구조**	내외부 윤리강령 개정	2023년 공시	윤리강령서 개정, 공시
5	**정책**	이해관계자 소통채널 개설	2022년 내	홈페이지, 사내게시판 또는 익명성보장제 등
		작성	작성	작성
		작성	작성	작성

4. 과제별 실행방안(예시)

1) 과제 : 경영전략

① 현상 및 실행방향 : ESG 경영 목표설정 및 공시

② 세부 실행방안

○ **글로벌 SDGs에 기반한 경영 목표 설정**

: 지속가능발전목표의 17항목 중 3번, 13번 항목(기후변화 완화, 인식제고)의 내용을 참고하여 기업가치 품목과 접목한 경영방침 설정. 특히 13.1의 목표를 달성하기 위하여 기후변화 대응제품 생산공정과 기술개발을 통하여 글로벌 지속가능목표달성에 앞장서고자 함.

○ **홈페이지 및 게시판을 통한 목표 공시**

- 조직의 홈페이지, 지속가능경영보고서, 사업보고서, 기타 간행물 등에 ESG 정보가 종합적으로 수록되어 있는지, ESG 정보공시 여부를 대외에 알리는지 측정
- 홈페이지, 지속가능경영보고서, 사업보고서, 기타 간행물, 전자공시 시스템 상 자율공시
- 조직이 사업적/사회적 영향력이 높은 핵심 이슈에 대해 '위험 및 기회요인', '이슈 관리를 위한 시스템 및 절차', '이슈 관리현황을 점검할 수 있는 성과지표'의 공시 여부를 확인

- 사업보고서: 재무정보와 비재무정보를 종합하여 파악할 수 있으나, 보고서 작성 업무 부담
- 지속가능경영보고서: ESG 정보 수요자의 가독성은 높으나, 보고서 발간 업무 부담
- 조직 홈페이지: 지속가능경영보고서 발간 대비 적은 부담. 공개 가능 정보의 양적 확대 한계
- 정부기관운영플랫폼: 산업 공통기준이 있을 경우 유리. 산업별 차등 시 플랫폼 유지비용 높음

○ **공시 후 이행현황점검표 작성(분기별 작성)**

- ESG 정보공시에 필요한 데이터를 취합하는 사업장 등의 범위를 비율(%)로 계산(매출액, 직원 수, 생산량 등 모수로 활용)

2) 과제 : 환경경영전략(예시)

① 현상 및 실행방향: 탄소정보 공개 프로젝트

② 세부 실행방안

○ **탄소정보 공개 프로젝트 범위**

- 감축 목표 및 이니셔티브
- 기후변화 위험과 기회
- 온실가스 배출량 산정 방법
- 배출 데이터

- Scope 1, 2 배출량에 대한 상세 내역
- Scope 2 계약 배출량
- 에너지
- 배출 성과
- 배출권 거래
- Scope 3 배출

[표. KPI 목표 관리]

기본목표	분류	지표	성과		
			2019	2020	2021
1. 기후: 야외보호	온실가스 인벤토리	탄소배출량	1,639	1,572	1,486
	공급망	GSCP 레벨 2 혹은 3을 취득한 공장과의 파트너십 지속비중, %	–	–	기준치
	작성	작성	작성	작성	작성
2. 제품: 지속혁신	그린 인덱스	Green Index 평가에 의한 상품 라인의 비중, %	4.2	11.6	12.3
	피혁류	프로토콜 기준 실버 혹은 골드 점수를 획득한 가죽 공장 비중, %	87%	92%	95%
	원자재	작성	작성	작성	작성
	작성	작성	작성	작성	작성
3. 공장: 근로개선	공장상태	우선 개선사항이 있는 공장의 비중(우선순위 높음), %	–	32%	32%
	작성	작성	작성	작성	작성
4. 서비스: 작성	직원참여	최근 1년간 가동시간 비율(HUR), %	43%	41%	38%
	작성	작성	작성	작성	작성
5. 작성	작성	작성	작성	작성	작성
6. 작성	작성	작성	작성	작성	작성

3) 과제 :

① 현상 및 실행방향 :

② 세부 실행방안

과제별 세부 실행방안 작성

5. IMPACT 2025(예시)

2025년 목표	UN SDGs	대응방향	2022년 성과
제품 부문별 지속가능 소재 활용 비중 확대	13 CLIMATE ACTION	리사이클 제품 매출비율 관리	지속가능 소재 적용 R&D 진행 리사이클(폐플라스틱) 제품라인 런칭 2021년 전체 생산량 대비 지속가능 제품 2% 달성
친환경 사업장 구현	7 AFFORDABLE AND CLEAN ENERGY	에너지 저감률 분기별 관리	태양광 패널설치, 디지털프로그램 구축 전체 사업장 고효율 LED 전환
탄소 저감을 위한 디지털화 실현	7 AFFORDABLE AND CLEAN ENERGY	온실가스 배출추세 변화 관리	3D 버츄얼디자인 개발 디지털패션쇼 및 라이브커머스 구축
인재 경영 중심의 지원 확대	4 QUALITY EDUCATION	작성	작성
작성		작성	작성
작성		작성	작성
작성		작성	작성
작성		작성	작성

중대성 평가(예시)

1. 이해관계자 설문조사 개요

조사 대상	지속가능경영에 영향을 미치는 내외부 이해관계자를 다음과 같이 식별·정의하고 설문조사 대상으로 선정 • 내부(임직원): 팀원, 팀리더, CEO를 제외한 임원 • 외부: 고객, 투자자, 파트너, 지역사회(NGO 및 수혜기관)
조사 기간 및 채널	• 2021년 11월 20일 ~ 12월 15일 • 온라인 설문조사 플랫폼 활용
측정 방법	• 환경(E), 사회(S), 지배구조(G) 측면의 16개 토픽을 기준으로 선미의 지속가능성에 미치는 영향의 정도를 계량화 • 7점 리커트 척도 사용

2. 평가 프로세스

중대성 평가는 ① 이슈 식별, ② 우선순위화, ③ 타당성 검토로 구성된 3단계 프로세스에 따라 진행

◎ **이슈 식별**(Identification)

임팩트 토픽(Impact Topic)

지속가능경영과 직접 연관된 이슈로서, 회계연도 사업보고서와 2021년 4분기~2022년 동안의 언론 보도기사, 국내외 ESG 평가 기준을 분석하여 86개 임팩트 토픽을 식별

트렌드 토픽(Trend Topic)

패션산업의 글로벌 지속가능성 토픽을 확인하기 위하여 MSCI와 SASB 표준을 기반으로 의류, 액세서리 산업의 이슈를 검토하였으며,

UN SDGs 및 GRI를 비롯한 글로벌 지속가능성 이니셔티브와 국내외 의류 및 패션기업의 지속가능경영 토픽을 참조

◎ 우선순위화(Prioritization)

사전 식별한 토픽을 ESG 영역별로 구분하고, 패션액세서리 산업과의 연계성 및 토픽과의 영역성, 중복성을 제거함으로써 16개 토픽을 평가 대상으로 선정. 2021년 11월 20일~12월 15일 기간 동안 임직원과 외부 이해관계자들을 대상으로 중대성 평가 설문을 진행하였으며, 설문 결과는 내부 및 외부 가중치 6 : 4를 적용하여 6개 주요 보고 토픽을 도출

◎ 타당성 검토(Validation)

ESG 협력 TF팀과 ESG·지속가능경영 전문위원이 함께 참여하여 16개 주요 보고 토픽의 우선순위 도출 결과와 중대성 평가에 관한 절차적 타당성 검토

평가 결과

우선순위화된 주요 보고 토픽에 대해 유효성 검토를 진행하고 16개 토픽을 중요도에 따라 상, 중, 하로 구분하며 1st Tier(Very High, 상)를 보고

중대성 평가 프로세스

이슈 식별 (Identification)	• 기존 공시자료 검토 • 미디어 분석 • 국내외 패션 기업 벤치마킹 • 글로벌 지속가능성 이니셔티브 검토 • 국내외 ESG 평가 기준 분석 • 86개 지속가능성 토픽 풀(pool) 구성
우선순위화 (Prioritization)	• 16개 평가 대상 토픽 선정 • 이해관계자 설문조사 진행 • 6개 주요 보고 토픽 도출
타당성 검토 (Validation)	• ESG 협력 TF팀 구성원 검토 • 외부 전문위원 검토 • 주요 보고 토픽 확정

3. Materiality Matrix

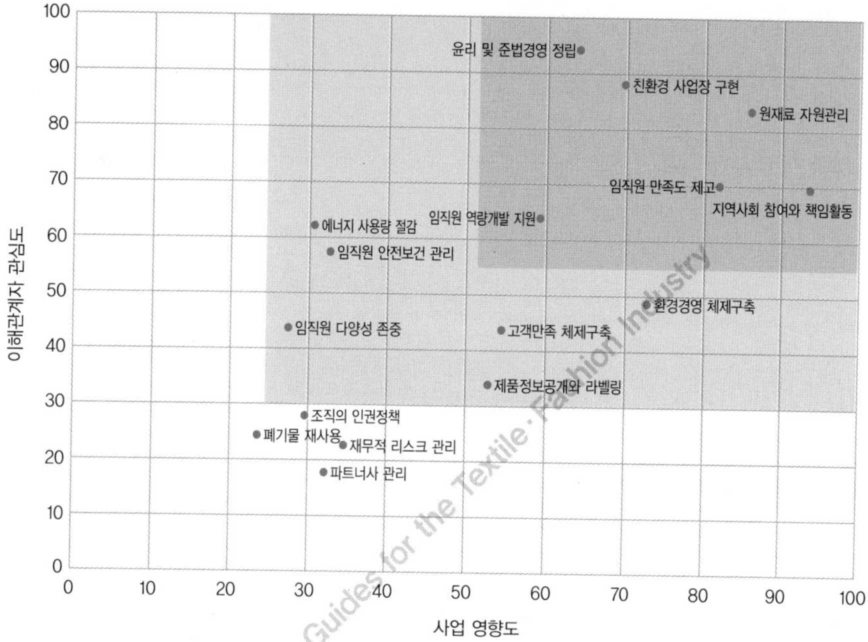

〈중대 이슈〉

분야	No	이슈	이해관계자
환경	1	원재료 자원관리	고객, 임직원, 파트너, 투자자, 지역사회
	2	친환경 사업장 구현	임직원, 파트너, 투자자, 지역사회
사회	5	임직원 만족도 제고	고객, 임직원
	6	임직원 역량개발 지원	임직원, 투자자
	4	지역사회 참여와 책임활동	고객, 임직원,지역사회
	3	윤리 및 준법경영 정립	임직원, 투자자, 지역사회

** 중대성 평가로 이슈가 도출되면 각 분야별로 성과를 정리하여 보고한다.

ESG 경영진단 체크리스트

ESG 경영진단 체크리스트

진단자명: (성명/소속)

		배점	점수
경영전략(5)			
1	최고경영자는 ESG 경영에 대한 정의와 방법에 대해 알고 있다.		
2	조직은 ESG 경영에 대한 중요성을 인식하고 있다.		
3	조직은 ESG 경영을 위한 회사의 방침과 전략이 수립되어 있고 내부적으로 공유하고 있다.		
4	조직은 경영방침 및 사업계획에 장단기 환경경영 목표가 수립되어 있다.		
5	ESG 이슈에 대하여 임직원과 외부 이해관계자들과의 정기적인 커뮤니케이션을 통하여 경영활동에 반영하고 있다.		
	소계		
환경(10)			
1	경영자는 환경경영방침을 수립하여 임직원과 공유하고 있다.		
2	경영방침 및 사업계획서 상에 친환경제품 개발 또는 환경친화적 공정개선 계획이 포함되어 있다.		
3	지속가능한 원재료(사용원료의 중량부피 저하, 재활용재 사용, 재생비율상향 등)를 사용하고 있다.		
4	에너지 수요를 줄이기 위해 에너지 효율 관리를 연 1회 이상 측정하고 개선하고 있다.		
5	폐수배출은 관련법규에 따라 배출시설 설치허가 및 신고된 배출허용기준 이내로 준수하고 있다.		
6	보호지역 또는 보호지역 밖의 생물다양성 가치를 고려하여 사업장 관리 및 활동, 제품개발을 실행한다.		
7	온실가스 배출 및 대기오염 저감을 위해 연 1회 이상 측정하고 개선하고 있다.		
8	일반폐기물과 지정폐기물을 분류하고 발생량을 정기적으로 파악하고 있다.		
9	환경법 및 규정위반으로 부과된 중요한 벌금의 액수 및 비금전적 제재조치를 관리하고 있다.		
10	공급망 내 환경기준을 평가·관리하고 부정적 영향에 대한 조치를 시행하고 있다.		
	소계		

(계속)

		배점	점수
사회(18)			
1	조직은 경영방침 및 사업계획에 장단기 사회적 책임경영 목표를 수립하고 있다.		
2	신규채용 근로자와 이직근로자의 비율을 고려하고, 상근직 외 근로자에게도 복리후생 혜택을 제공한다.		
3	조직원에게 경영상 변동에 관한 최소 통지기간(단체협약상의 명시 여부 포함)을 준수한다.		
4	산업안전보건(커뮤니케이션, 근로자 교육, 건강증진 프로그램, 업무관련 상해 등)법을 준수한다.		
5	임직원 역량강화 및 경력개발을 위하여 관련 지원 프로그램을 운영하고 교육을 실시한다.		
6	근로자의 구성(성별, 연령, 소수집단 등)을 다양하게 하고 남녀 기본급여 및 보수를 동등하게 지급한다.		
7	차별사건의 건수를 관리하고 이에 대한 시정조치를 시행한다.		
8	결사 및 단체교섭의 자유를 침해할 위험성이 있는 사업장 및 공급업체는 관리하고 시정조치한다.		
9	아동노동 발생 위험이 높다고 파악되는 사업장 및 공급업체는 관리하고 시정조치한다.		
10	강제노동 발생 위험이 높다고 파악되는 사업장 및 공급업체는 관리하고 시정조치한다.		
11	사업과 관련된 인권 정책이나 절차 등에 대한 교육을 실시한다.		
12	지역주민에 대한 권리 침해 사건 수를 관리하고 시정조치한다.		
13	지역사회 활동에 참여하고 관련 발전 프로그램을 운영한다.		
14	사회에 영향을 미치는 평가기준을 활용하여 공급업체를 관리하고 공급망을 구축한다.		
15	공공정책 자금(기부금, 정치자금 등)을 관리한다.		
16	고객 안전보건을 위해 제품 및 서비스군의 안전평가를 실시하고 규정위반을 관리한다.		
17	제품 및 서비스의 정보를 제품라벨 등에 고지하고 관련법률규정을 준수하며 고객만족 조사를 실행한다.		
18	고객 개인정보를 보호하고 고객데이터를 분실하지 않는다.		
	소계		

(계속)

		배점	점수
지배구조(12)			
1	경제, 환경 및 사회에 대해 관리감독하거나 의사결정을 담당하는 위원회(임원, 비상임회원)를 구성하고 있다.		
2	조직원에게 다양성 및 독립성, 이해관계자의 관계 등에 대한 의사결정 과정을 설명한다.		
3	최고위원은 조직관리 내에서의 역할이나 배치, 이에 상충하는 방지 및 보완법을 공시하고 있다.		
4	지속가능경영에 대한 조직의 목적, 가치 및 전략, 정책과 목표 등이 사업계획서에 반영되어 있다.		
5	경영진의 임명이나 책임에 대한 위임여부, 그외 임직원의 경제, 환경 및 사회에 대한 보고 절차를 공유하고 있다.		
6	공급업체 및 기타 이해관계자와의 상호관계에 대한 절차를 공유하고 있다.		
7	중요 안건에 대해 조직에게 전달하고 보고하는 방법이 문서화되어 있다.		
8	조직 내 지속가능경영에 대한 인식과 기술성, 경력을 향상시키기 위한 조치를 공유하고 있다.		
9	경제, 환경 및 사회에 대한 구성원의 평가를 절차화하여 관리하고 있다.		
10	급여 및 인센티브, 퇴직금 등 구성원의 보상에 대한 정책을 제시하고 있다.		
11	조직원의 보상 및 보수에 대한 감사제도를 갖추고 있다.		
12	조직원에 대한 보상증감 현황에 대해 정보를 제공하고 있다.		
	소계		
ESG(6)			
1	기업의 비재무적 성과를 공개하고 있다.		
2	탄소중립 등의 ESG 정책 추진을 위한 교육, 연수 활동을 내부직원을 대상으로 추진하고 있다.		
3	지속가능경영을 위한 인증(ISO 5001, ISO 20121, ISO 37001 등)을 1건 이상 보유하고 있다.		
4	환경보존 관련 인증(ISO 14001, ISO 14040, ISO 14064 등)을 1건 이상 보유하고 있다.		
5	사회적 책임관련 인증(ISO 26000, OHSAS18001, SA8000 등)을 1건 이상 보유하고 있다.		
6	생산현장(ISO 9001, ISO 22000, ISO 27001 등)을 1건 이상 보유하고 있다.		
	소계		

평가수준	배점	평가근거
매우그렇다	5	분류문항에 대한 요건이 모두 데이터화되어 있으며 실행하고 있는 수준
그렇다	4	분류문항에 대한 요건이 데이터화되어 있으나 부분적으로 실행되고 있는 수준
보통이다	3	분류문항에 대한 요건이 부분적으로 데이터화되었고 실행되고 있는 수준
부족하다	2	분류문항에 대한 요건이 부분적으로 데이터화되어 있으나 실행이 되지않는 수준
매우 부족하다	1	분류문항에 대한 요건이 전혀 데이터화되지 않고 있는 수준
해당없음	미표기	기업에 적용되지 않은 문항

ESG 데이터관리

ESG Data(예시)

환경	2020	2021	2022
온실가스(tCO_2e)	63.39	59.72	45.94
에너지(kWh)	138,000	130,000	100,000
물(ton)	531	522	477
폐기물(kg)	0.58	0.52	0.43

임직원		2020	2021	2022
현황	전체	21	19	21
	남성	4	4	4
	여성	17	15	17
	20세 이상 30세 미만	6	4	6
	30세 이상 50세 미만	5	5	5
	50세 이상	10	10	10
임직원 다양성	장애인	1	1	1
	여성관리직	3	3	3

교육	2020	2021	2022
총 교육 시간	78	85	96
임직원 참여 비율(%)	81	84	92
임직원 총 교육 비용(원)	1,200,000	1,600,000	2,100,000

복리후생	2020	2021	2022
복리 지원 건수	7	8	13
복리 지원 금액	790,000	840,000	920,000

안전보건	2020	2021	2022
산업재해 건수	0	0	0
규제 및 법률 위반	0	0	0

사회공헌활동(원)	2020	2021	2022
자선단체 등 기부금액	25,000,000	25,000,000	25,000,000
인재육성 지원금액	54,000,000	53,000,000	56,000,000
지역사회 기부금액	27,000,000	28,000,000	32,000,000

법규준수	2020	2021	2022
부패 관련 소송 건수	0	0	0
공정거래 관련 법률 위반 건수	0	0	0
노동 관련 법률 위반 건수	0	0	0

찾아보기

ㅂ

ㅅ

ㅇ

ㅈ

ㅊ

ㅌ

ㅍ

ㅎ

기타

ESG MANAGEMENT GUIDES
for the TEXTILE·FASHION INDUSTRY

섬유·패션산업을 위한

ESG 경영방법론

섬유·패션산업을 위한
ESG 경영방법론

초판 발행 2023년 2월 28일

지은이 김수경, 여은아
펴낸이 류원식
펴낸곳 교문사

편집팀장 김경수 | **책임진행** 안영선 | **디자인** 신나리 | **본문편집** 우은영

주소 10881, 경기도 파주시 문발로 116
대표전화 031-955-6111 | **팩스** 031-955-0955
홈페이지 www.gyomoon.com | **이메일** genie@gyomoon.com
등록번호 1968.10.28. 제406-2006-000035호

ISBN 978-89-363-2451-3(93320)
정가 28,000원